TODD'S SELF-IMPROVEMENT MANUAL

自分を鍛える!

ジョン・トッド

渡部昇一

訳・解説

三笠書房

訳者序文

――今、読んでおくと必ず「得をする」本

渡部昇一

すぐれた「修養書」が生まれる時期というのは、ある特定の時代に限られているように思われる。ギリシアのある時代、ローマのある時代、イギリスのある時代――そして、この本の著者ジョン・トッドが活躍した頃のアメリカが、まさにその選ばれた時代といえる。

さて、トッドは、今から約200年前、アメリカのニューイングランドに生まれた。そこで主に青年向けの修養書を数多く書き、それらは高い評価を得て、実際に多くの人に読まれた。

その頃のアメリカ、特にニューイングランドは、たとえば後に札幌農学校で「少年

よ、大志を抱け」と言って有為の青年を鼓舞したクラーク博士と相通ずる精神的エネルギーに満ち満ちた土地であり、かつ時代であった。つまり、新しい希望に満ちた国として伸びようとしている進取の気分と、宗教的・道徳的に不動の信念がいちばん支配的だった土壌の中で本書は書かれたのだ。

当時、このトッドの本によって、多くの有能な人が自らを鍛える術を知り、社会で活躍したのである。

先人の〝いいところ〟を学ぶ——それが一番簡単な自己実現法

トッドの勉強法および健康法など、自分の鍛え方・磨き方で面白いのは、前述したように、それが一番いい時代のアメリカのいいところが表現されている点である。ニューイングランドを開発し、そこにハーバード大学やイエール大学やプリンストン大学を建てて、そこで人材をつくった頃の人たちの気力、生活の送り方というものには、さすがと思えるよさがある。

きわめて深い哲学的な思考をも示した、アメリカの心理学者エイブラハム・マズローの言葉で、私がいつも思い出すものにこういう話がある。それはマズローが観察したニワトリの話である。

彼の観察によると、多くのヒナを飼った場合、あるニワトリは他のニワトリに比べてきわだって大きくなる。どういうニワトリがきわだって大きくなるかとよく観察してみると、エサの食べ方が他のニワトリよりも合理的なニワトリである。だから逆に、そのきわだって大きくなるニワトリの食べているものを綿密に調べて、それと同じものを他のニワトリにも食べさせるようにすると、他のニワトリも大きくなるという。

これは、きわめて示唆に富む観察である。というのは、手本がよくて、それをまねると、ニワトリでも体の大きさが変わるぐらい影響を受けるということなのである。

日本人は敗戦後、アメリカ人のような体格を持ちたいと思い、食べ物の種類を変えた。その結果、少なくとも平均身長などにおいては、われわれの祖父母の世代に比べて見違えるほど大きくなった。背の大きくなること自体がよいか悪いかは別として、これは背の高い人間と同じものを食べれば同じように大きくなるということを示すものである。

それならば、宗教の自由を求めて新大陸に渡り、そこに新しい文明をつくろうとした人たちの知力の鍛練の仕方や健康保持法の実例を見せてもらって参考にすることは、ハーバードやイエールやプリンストンを建てた頃の人たちと同じ精神的エネルギーと活力を得る一つの方法なのではないかと思う。

価値あるものは常に価値がある。アメリカの土地に新文明をつくった人たちの勉強の仕方、しかもトッドのように恵まれない幼少期や病身を見事に克服してエネルギーにあふれた活動をし、長寿をまっとうした人間の生き方、ゆるぎなき人生観などは、依然として読者に対して貴重な示唆を与えてくれるものだと思うのである。

本書は、ロンドンだけでも15万部売られたが、この数字はその約25年後に出た、かの世紀のベストセラー、サミュエル・スマイルズの『自助論』（１８５９）の最初の三十数年分の出版部数にも匹敵する、驚異的な数字といわねばならない。

今読み返してみても、日本の学生やビジネスマンをはじめ、前向きに、賢明に人生を生きたい人が自らを鍛えるにあたって、やはり最良の本だろう。今日のわれわれにとって、きわめて重要かつ有用な具体的教訓を含んでいると思われる。「充実した人生」を希求する人の価値ある座右の書として、ぜひ、おすすめしたい。

CONTENTS

訳者序文

——今、読んでおくと必ず「得をする」本　渡部昇一

プロローグ

ものを「考える頭」には限界がない！

第1章

〝いい習慣〟をつくれば疲れないで生きられる！

第2章 集中力・記憶力が格段にアップする「短期決戦」法！

第3章 緻密な頭をつくるための読書法！

第4章

こうすれば自分の「持ち時間」が最大限に生きてくる！

第5章

一目置かれる人の「話し方・交際術」

第6章

頭・体・気力を鍛える一番の方法

エピローグ

あなたも〝自分の壁〟を破れる！

訳者解説

——私の一生を決定づけたすばらしい出会い

プロローグ

ものを「考える頭」には限界がない！

自分という大理石に、どう〝のみ〟を入れるか

この本を読んでいる読者の多くは、程度の差こそあれ、自分はより有能な人間になりたいという願望を抱いていることだろう。

ただ、実際いかにしたらよいか、その最善の方法がわからない。

人生というのは誘惑や危険でいっぱいである。ややもすると勇気はくじけてしまう。

そして心は、希望と不安、決断と落胆の間を揺れ動いている。

誰でもいいから話を聞いてみたまえ。どんなに抜きん出た学識の持ち主でも、勤勉そのものの人でも、あるいは自らの知識をうまく応用する才のある人であっても、過去を振り返って、ため息まじりに言うことだろう。

これまで、なんと多くの時間を無駄にしてしまったことか、二度と再びめぐってこないチャンスを、なんと多くむざむざつぶしてしまったことか、と。

自分の思った通りに、あるいは然るべき通りに、完全にものごとを成し遂げられるという者はまずいないだろう。それは、一つには、われわれが必要な経験を身につけるには膨大な時間がかかるからだ。

私自身を振り返ってみても、ある時は道を間違え、ある時は選択を誤った。ある時は絶好のチャンスを逃し、ある時は悪しき習慣に染まった。偏見にとらわれたこともある。やりなおせるものなら、現在身につけているこの経験をもとに、もう一度人生をやりなおしてみたいものだと、つくづく嘆息しているしだいである。

もしめぐりめぐってきたチャンスをしっかりとつかんで自分のものとし、きれぎれの時間も無駄にせず利用していたら、自分の研究を新しい分野にまでおしひろげ、不朽の名声を博したベーコンのように、膨大な量の知識を蓄積していたかもしれない。

すでに過去の人となった偉人たちは、われわれへの遺産として「知識」という宝物を残してくれた。しかし、その中でも**最も貴重な知識は、金塊同様、自らの手で掘り出さなければ手に入れることはできないのだ。**

われわれの頭脳は大理石の石柱みたいなものだ。美しい彫像を彫りだすには、そこに〝のみ〟が入れられなければ存在することのないものなのだ。

あらゆる人間の頭脳が生まれつき同質かどうかという問題は別として、**誰しも生まれつき何か一つは抜きん出た才能をそなえているのではないか。**

あなたは、数学においては、あるいは作家や演説家としては秀でていないかもしれない。しかし、あなた方の一人ひとりには何らかの分野で秀でる能力があり、素直に自分自身の力を引き出せば、必ず伸びることができると、私は心から信じている。

一所懸命に学ぶ目的とは、自分の頭脳がことさら人よりもすぐれていることを発見するためでなく、その頭脳を活発に、しかも明確に役立つようにすることである。

天才の誉《ほま》れほど若者が憧れるものはない。しかも、たゆまぬ努力や掘り下げた研究を行なうのに忍耐力がいらず、何の苦もなくできるところが天才の特性だと思っている者が少なくない。

ところが、たとえば**アイザック・ニュートンのような真の天才は、自分と他人の知**

力の大きな、そして唯一の違いは、自分にはより強い忍耐力があるだけのことだ、と言っている。

あなたにはすぐれた頭脳と健全な判断力、生き生きとした想像力や幅広くものを見たり考えたりする力があるかもしれない。しかし、確信を持って言うのだが、あなたは恐らく天才ではあるまい。したがって、**ひたすら努力することをせずして、けっして人より抜きん出ることはできない**のだ。

〝ささやかな努力〟のとてつもない力

あなたが今後、手に入れるものは、すべて努力――懸命なたゆまぬ努力――の成果であるはずだ。

あなたには、励ましてくれる友人や助けとなる書物、そして師がいる。

他にもさまざまな援助がある。しかし、自分の知力を鍛え養っていくのは、結局あなた自身でなければならない。誰も、あなたに代わってこれをやってはくれない。そして、この世で価値のあるものには何であれ、すべて努力という対価が支払われているのだ。

真にすぐれたものには、必ず辛抱強い研究がつきものである。頭脳を鍛えることも、広く知識を身につけることもなく、何かの偶然で世の中にのしあがったような人物は、一時的にあやしげな光を発しただけのことである。

とにかく、**われわれがものを手に入れるには必ず努力をせねばならないのであり、いやしくも自分が所有したり他人に提供したりする価値のあるものには、すべて努力という対価が必要**なのだ。この事実には、いっさい例外はない。

太平洋を美しく飾っている島々を上空から見ると、いまだ罪を知らぬエデンの園がいくつも集まっているかのように見える。しかし、それらの島々は、小さなサンゴ虫が1粒1粒堆積してうずたかく盛り上がり、海底からそびえ上がるまでになったものだと言われている。

人間の努力というのも、まさにこうしたものなのだ。**人間の偉大な業績というのは、ささやかな、しかし継続した努力の賜物**なのである。

使えば使うほど回転がよくなる――それが頭脳というものだ

世の中に影響を及ぼす偉大なる道具、それは頭脳である。そして、**頭脳ほど訓練し使用することによって、決定的に、しかも絶えず進歩する道具は他にない。**

自分の能力を一時《いちどき》にすべて使うのはまずいことだとでも思っているらしい人が大勢いる。力は一大事のときに備えて、たくわえておかねばならないというわけだ――ちょうど馬を、ふだんはゆっくりと注意深く走らせるが、火急の際は拍車をかけるのと同じように。

なるほど、もし頭脳が馬の筋肉や骨のようなものだとすれば、これはもっともなことかもしれない。

弓は張り過ぎても折れてしまわないように、半分だけたわむようにできている。しかし、あなたにはそんな心配は無用だ。

さっそく今日にでも頭を極限まで働かせ、その能力を最大限に活用してみたまえ。そのほうがあなたにとっていいことなのだ。そうすれば、頭はますます活発に働くようになるだろう。

明日もまたそれをやってみる。回を重ねるごとに頭はあなたの求めに応じて一段とすばやく反応するようになるだろう。頭脳は、時々まとめて働かすより、常に働かすほうが本当の意味の鍛練になることを忘れないでもらいたい。

もし徹底的に頭脳を鍛え抜きたいと思うなら、勉強中の数時間は休みなしに頭脳を使うことだ。徹底的に鍛え抜かれた頭脳というのは、ふとしたはずみで調子よく働いたり、大きな能力を発揮したりする頭脳ではなく、一定の時間があれば必ず一定の成果を引き出す態勢が常に整っている頭脳のことである。

アイザック・ニュートンの頭脳のすぐれていた点は、まさにこの点である。

刺激がないと働かないような頭脳の持ち主は、何をするにしてもその刺激を待って

いなければならず、生涯ほとんど何一つ達成することはできない。

自分の「預金」以上の能力を引き出そうとしていないか

自分自身を知ることもまた、一つの重要な勉学である。

世の中には長い知的訓練を経ないで高い地位までのしあがり、その地位を保ち続けた人も何人かいる。しかし、繰り返し、正確に他人から自己の能力を評価されていないと、知識をひけらかすうぬぼれ屋になりかねない。

自分にはいったい何ができないのかを心得ていることは、できることを心得ていることと同様、きわめて大切なことである。他人の知性にふれることによって自分の知性が磨かれたり、頭脳がいっそう明晰になったりするだけでなく、思考力が鍛えられ、自分の能力に関して謙虚になれるのである。

ところで人は、なぜ自分自身を正確に知る必要があるのだろうか。

自己を過大評価するとどうなるか。私の答えは、たとえていえば、預金以上の金額を引き出そうとしても、ふつうは絶対にできない、ということだ。

誰の心にも少なからず虚栄心があるし、他人の価値に関しては、どうしても認めざるを得ない最小限の価値しか認めようとしないものだ。したがって、あなたがもし自分の学識や価値を過大評価している連中の中に名を連ねたりすれば、あなたの価値にけちがつけられ、不愉快な思いをさせられることになる。

同じ学識の持ち主なら、**謙虚な人のほうが、生意気な人間よりも、同胞からはるかに思いやりや善意を受けやすい**ものである。**その謙虚さがゆるぎないものであるためには、それは正しい自己認識に基づいていなければならない。そして、これこそ勉学の成果であろう。**

先人の知恵に自分の知恵を重ねるには

われわれは、ややもすると「記憶力」を馬鹿にしがちである。「理解力」のほうが能力として上だ、ととらえるからだ。

しかし、記憶力はすこぶる重要なものであり、軽んずるべきではない。というのは、記憶力のおかげで驚嘆するようなことが成し遂げられることがあるからである。

一つひとつの言葉はともかく、自分の読んだ本の内容や思想をしっかりと把握し脳裏に刻み込む記憶力と、比較検討する判断力を持っている人物が、頭角をあらわさないということはまずあり得ない。

記憶力がよすぎると、独創的なアイデアを生み出すきっかけや能力が駄目にされやしまいかと恐れるあまり、記憶力を伸ばすことに危惧を抱く人が大勢いる。借りものの発想しかできなくなるのではないかと恐れるのである。

しかし、私にはさほど恐るるに足る危険はないように思われる。なぜならば、すぐれた記憶力を持つことに危惧を抱いているような人間で、うらやむべき独創性を持っているような人間は見あたらないからである。

多くの先達《せんだち》によって書物の中につづられている膨大な量の思想や観察、経験も、もしわれわれがそれらを踏み台として利用し、高い地点に立ち、知識の限界や領域をさらに拡大していくのでなければ、いったい何の意味があるだろうか。

それに、われわれの住んでいるような暗い世界では、たとえ借りものの光にすぎなくても、とにかく光を投げかけてくれる惑星が姿を見せてくれるということは実にありがたいことではないだろうか。何だかんだといっても、一人の人間の頭に浮かぶ独創的なアイデアというのは、思ったよりずっと少ないものなのである。

若い時の読書には、心が躍るような新鮮さがあることを知らない者はいまい。若者にとって世界は未知のことでいっぱいである。真新しく魅惑的な大地へ足を踏み入れているのだ。

分別盛りの年齢に達した人間が、若い頃のように新鮮な感動を持って本を読めたらなあ、とつぶやくのを耳にしたことがある。どうしてそうできないのだろうか。それは、新しく手にとる本がもはや新しくないからである。すでに同じ考えや似たような考えを何度も目にしてきたし、それに、それぞれの本が次に読む本の独創性を減じてしまうからである。

では、**最初に思っていたほど多くの独創性が人間にも書物にもないのであれば、人から人へと知識を伝えていく手段である記憶力は、きわめて大切なものである**ということになる。**記憶力を伸ばすことも、はなはだ重要**だということになる。ここでこの点にふれたのは、今その具体的な方法を示すためではなく、ただその計り知れない重要性を述べておきたかったからである。

以上、述べてきたことからおわかりいただけるだろうが、**勉学の目的は、あらゆる面において頭脳を鍛えること**である。**道具のありかを知り、その利用の仕方を知ること**である。

われわれの頭にある知識の量は、膨大である必要はない。いかにすぐれたポンプで

も、もしそれが尽きることなく水の湧く水源に達していなければ、あるいはカラにな
ってもすぐにいっぱいにする装置が備わっていなければ、たちまち使いものにならな
くなってしまう。それと同じことだ。

たとえ今持っている知識が蒸発してしまったとしても、それは海からのぼる水蒸気
のように、他の経路からきっとまた勤勉な人間のもとに戻ってくるはずである。

第1章

“いい習慣”をつくれば疲れないで生きられる!

これが「第二の天性」になればしめたもの

人となりというのは、その人が身につけているもろもろの「習慣」のことであるといえるかもしれない。**「人間とはすなわち、いろいろな習慣のかたまりである」**といってもよさそうだ。

習慣というのは、簡単に身についてしまう。特に悪い習慣ほど、そうである。今日たいしたことでもないと思っていたことが、たちまち固定化され、太綱《ふとづな》のような力でがんじがらめにしばられてしまう。

ご承知のように、太綱というのは1本ずつ細い糸をより合わせてつくるのだが、いったんできあがれば、堂々たる船でさえ引き寄せ、思いのままに引き回すことができるのである。

ある種の習慣は、若いときに身についてしまうものだ。まず、**時間の使い方や仕事の仕方、考え方や感情に、ある特定のパターンが生ずるようになる。すると、良くも**

悪くも、それはやがてその人の一部、いわゆる第二の天性になってしまうのだ。

住み慣れた家の古ぼけた暖炉の前のある決まった場所に、60年間いつも座を占めてきた老人が、その場を移されたら嘆き悲しむであろうことは容易に察しがつく。

人間、40歳にもなれば、自ら悔やんだり、他人からの評価を落とさせるような習慣をいくつか持っているものである。断ち切ろうにも、それらの習慣が自分のすべてとなるほど深く身にしみついていて、断ち切れないのだ。少なくともそうしようとする気力を失くしている。

だから、**できるだけ若いうちに、ぜひよい習慣を身につけていただきたい。**心から、そう願っている。しかし、中年から新しい習慣を身につけることも、もちろん重要なことである。

ただし、私が望むのは、「正しい」習慣である。それによって**刻一刻、一日一日がより快適に、より意義深くなるような習慣を身につけてほしい**ということである。

もし職人が、これから選ぶ斧《おの》を一生使うのだと言われれば、彼は手頃で丈夫なものを慎重に選ぶであろう。あるいは、もし一生同じ服を着なければならないと言われれば、材質や型の選択にあれこれ気を配るのではあるまいか。

しかし、これら慎重を期すべきことも、精神活動の習慣を選ぶのに比べれば、たいしたことではない。自分の魂を他人の習慣にゆだねて何か立派なことがやれないものかと期待するのは、囚人の着るような拘束服に身を包んで、すんなり気持ちよく、てきぱきと体を動かせないものかと期待するようなものである。

まずは「同じ仕事」を「同じ時間」にひたすら繰り返してみよ

どんなことにせよ、好ましい習慣を身につけられるかどうかを案ずる必要はない。必ず身につけられるからである。

しかも、はじめに思っていたよりはずっとたやすく身につけられる。**同じこと、同じ仕事を、毎日同じ時間に繰り返すようにするの**である。そうすると、それは間もなく楽にやれるようになる。

はじめのうちは、どんなに面倒くさいものでもかまわない。どんなに面倒くさくても、ただひたすら毎日、例外なく規則的に繰り返していれば、間違いなく楽しいものになる。

すべて習慣とは、このようにして形成されていくものである。あなたが9時間も10時間も机に向かって平気で勉強することができたとしても、運動の習慣しか身につけていない人間が同じことをやろうとしたら、そうは簡単にいかないだろう。

だが、不可能ではない。

かつて私は、ある男がごちそうのいっぱい並べられたテーブルについたとき、他の食べ物には手をつけないで船員用のクラッカーをおいしそうに食べるのを見たことがある。この男の場合、健康上、やむなくそうした生活を強いられたのであるが、ついにはこの節食が楽しい習慣になってしまったのである。しかし、こうなる以前は、この男は美食家として知られた男だったのである。

あなた方にとって望ましいと思う習慣をあげ、また、どうやってそれらを身につけたらよいか、その具体的な方策を次に示してみたいと思う。

よく練った計画であれば大騒ぎせずとも粛々《しゅくしゅく》とはかどる

計画は、前の晩にじっくり練っておき、朝起きてもう一度確認したら、すぐに実行に移さなければならない。

前もって計画を立てておくことで、そうしない場合よりも、驚くほど多くのことが一日で成し遂げられるのである（人生は何よりも一日一日の積み重ねなのだ）。これはあらゆることについていえる。

私も自分の経験から、計画を立てなかった日は、立てた日の半分ぐらいしか満足に事が運ばないことを知っている。**やり方に最大の注意を払ったときに最大の成果があ**

がるということは、誰もが経験しているところである。

このように、計画を立ててやれば、仕事というのは大騒ぎせずとも粛々とはかどるものである。満々たる水を海へ運ぶ川ほど、流れは深く静かなものだ。

はじめは自分が計画しただけのことがやれなくて、がっかりするかもしれない。しかし、日を追うにつれてだんだんと多くのことができるようになり、そのうちに、こんなにやれるものなのか、と自分でもびっくりするようになることだろう。

「勤勉」こそが立派な仕事を成し遂げる

不幸にも、あなたが自分の才能について一人で決め込み、「待てば海路《かいろ》の日和《ひより》あり」と考えているのなら、そんな心得違いはさっさとやめたほうがよい。**勤勉という代償を払わずには何も得られないと肝に銘じ、すぐに努力し始めなさい。大きな成果を期待せず、こつこつと努力を積み重ねていくことが、立派な仕事を成し遂げるため**

の何よりも確実な第一歩なのだ。

努力そのものによって成し遂げられた業績には、実際、目をみはるものがある。昔の人は驚くほど分厚い書物をよく書いたが、その秘訣は何よりも「勤勉」にある。

「一日3時間せっせと歩けば、7年間で地球をひとまわり歩いたことになる」

われわれにとって、怠惰ほど有害で致命的な習慣はない。にもかかわらず、**これほど身につきやすく、断ち難い習慣もない**。怠け者はだんだん尻が重くなる。

怠け者に誰より同調できるのは、一番の怠け者だろう。なぜなら、狂人にしかわからない狂気の楽しさがあるといわれるように、怠け者にしかわからない怠け者の快楽が必ずあるに違いないからである。

「勤勉な人」ほど疲れない、あせらない！

勤勉な人のほうがかえって時間に余裕を持っているというのは、まぎれもない事実である。時間をきっちりと割りふって、それぞれの時間にやることを決めておくので、仕事が片づけば暇な時間ができるからである。

それに引き換え、怠惰な人間の生活は、活気のない、よどんだような生活である。川の水もゆったりとしすぎて全然流れないより、幅は狭くとも勢いよく流れていたほうがいい。誰だって、ないだ海に何週間も帆船をつなぎ止めておくより、たとえ嵐でも強風を帆に受けて沖へ乗り出したくなるだろう。

ルキウス・アンナエウス・セネカ（前1―65。古代ローマの政治家で、ストア派の哲学者、詩人）は友人に宛てた手紙の中で「何も書かなかったり、すぐれた本を読み概要をまとめなかった日は、一日たりともない」と言いきっている。

人より抜きん出ようとするなら、まず努力を惜しんではならないというのは、昔から衆目《しゅうもく》の一致するところだからこそ、怠惰な人間は「フール（道化役）」ならざる「フール（本物の愚か者）」と呼ばれてきたのである。**計画を立てて勤勉に努力をしないと、あっという間に多くの時間が流れ去り、いずれはそれに気がついて愕然《がくぜん》とする**

ことになる。

すぐれた人物であったサミュエル・ラザフォード（1600―61。スコットランドの神学者）は、次のようであったといわれている。

「彼は疲れを知らぬ勤勉さで、常に祈り、常に説教をし、常に教義問答を教え、また病める人の家々を訪れては励ましの言葉をかけた。学校では、まるで隠居でもした人物のように、あらん限りの時間を割いて学生や若い人に学問を教え、聖職者への道を説き明かした。さらにそのうえに、終日書斎に引き込もっている人に負けないぐらい多くの執筆も行なった」

たとえばあなたが仕事や勉強の立派な計画を立てたり、日課の予定を立て、それをこと細かく1枚の紙に書き込むことは、造作ないことだ。しかし、それを机上のことにせず実行に移すのは容易なことでない。**逐一計画した通りにはなかなか実行できないので、辛抱強く努力することをすぐにあきらめてしまう。**

ルターが旅をし、精力的に活動していながら、その間に聖書の完訳を成し遂げたというのは、ヨーロッパの人々にとってまさに驚異であった。しかし、それは要するに、ルターが断固たる決意のもとに毎日一歩一歩自らの計画を実行していった、まさにその成果にほかならない。

ルター自身、この点に関する質問に答えて次のように言っている、「1節も訳さない日は、一日もない」と。こうした勤勉さがあったからこそ、数年のうちに聖書を完訳することができたのである。

すぐれた諺《ことわざ》が二つある。一つはトルコの、もう一つはスペインの諺なのだが、両方とも実によく的を射ている。

「多忙な人間は一人の悪魔にわずらわされ、怠け者は1000人の悪魔にわずらわされる」

「人は悪魔に誘惑されるものだが、怠け者は自分のほうから悪魔を誘惑する」

堕落したつきあいや悪への誘惑、人格をそこね、友情をこわすような危機は無数にあるが、毎日断固として努力する習慣があれば、これらは避けられるのだ。

「明日でいいだろう」——この積み重ねほど恐ろしいものはない

私のいう忍耐力とは、同じ課題を、毎週同じ計画にしたがって、じっくりと着実に進めていくことである。

誰かがある計画を立派に成し遂げたと読んだり聞いたりするとすぐに、よし、自分もそれをやってみよう、と決心する人がいる。よく検討もせずにそういった計画をとりいれ、それを自慢げに吹聴したかと思うと、もう2、3日後には他のことに心を奪われて投げ出してしまう。

かの偉人はこうやった、ああやった、だから自分もやってみよう、というのでは意気込みだけで終わってしまう。面倒になってくると、他の新しい習慣同様、さっさと投げ出してしまう。

二つのうち、どちらを先にやろうかと絶えず迷っている人間は、どちらもやらずに

終わるものだ。決心はしたものの、友人の反対意見を聞くたびに自分の決意がぐらつく人間——一つの意見から他の意見へ、ある計画から別の計画へとふらふらし、まるで気まぐれなそよ風が吹くたびにくるくると向きを変える風見鶏のように、自分の進路を変える人間——こんな人間はけっして何一つ立派にやり遂げることはできない。進歩するどころか、せいぜい現状維持がいいところで、むしろ後退する場合のほうが多い。

何事にせよ頭角をあらわす人物というのは、最初に慎重に検討を重ね、それからしっかりと決意を固めるや、断固たる忍耐心を持っておのれの目標に邁進《まいしん》し、脆弱《ぜいじゃく》な精神力の持ち主ならくじけてしまうようなちょっとした難問にも、少しも動揺しない人間だけである。

何よりもまずいのは、優柔不断が習慣になってしまうことである。そうなると、せっかくの有望な未来も台なしになってしまう。

とんでもない話である。自分の進む道は慎重に、しかもきっぱりと選ぶことである。

そしていったん選んだら、何が何でもそれに食らいついて離れないことだ。

今日できることを明日に延ばすのが習慣になると、せっかくの将来性あるすぐれた計画を台なしにしてしまう危険がある。

「あの手紙の返事は明日書けばいい。あの友人の頼み事は明日聞いてやればいいさ。そうしたって、彼が敗北するわけでもあるまい」

なるほど。だが、あなたは敗北者となる。

なぜなら、そういった一つの誘惑に負けるというのは、すべての要塞を敵方に明け渡す導火線に他ならないからだ。

根気強く、1分1秒を充実させる、それも計画にそって充実させていくことが必要である。**前もって立てた計画通りに過ごした充実した一日は、無計画に過ごした1週間分にも相当する**のだ。

「時間厳守」には2倍の〝得と満足〟がついてまわる

全然時間を守らないで生きている人はいないだろうが、それでも然るべききちんと時間を守れる人は少ない。何をやるにしても、少しばかり遅れるほうがはるかに簡単だからだ。

時間をきちんと守る性格を身につけるのは、容易なことでない。しかし、**時間をきちんと守る性格は、あなた自身にとっても、また世の中にとっても、すこぶる重要**である。**時間を守る人はそうでない人の2倍のことを、しかも2倍も楽に行なうことができ、自分に、また他人にも、2倍の満足を与えることができる**。

誰しも生まれつき、あるいは習慣的に、たいへん不精になってしまっているので、間違いなくきちんと時間を守る人に出会うと、なんという僥倖《ぎょうこう》かと感激する。そういう人物を頼りにしたくなる。どんな代償をなげうってでも、その人物をスタッフとして迎えたくなるものである。

人によっては、時間厳守の習慣を身につけると平凡な人間になってしまいはしないかと恐れている。偉大な精神の持ち主が抱く大望としてはあまりにちっぽけなものだし、並みはずれた人徳をそなえた人間が心をくだくようなことではないのではないか、と考えているらしい。

それでは、ブラックストンは月並みな人間だったというのだろうか。ブラックストンは他にこれといった取り得がなかったから、時間を守るように努めたというのか。彼は例の名講義を行なうときですら、1分たりとも聴講生を待たせることはなかったそうだが、だからといって、そうした彼の性格が彼を駄目にしているなどと考える者はいまい。

われわれはふだんの日常生活の中では、ややもすると時間を守らないことのほうが多い。

「もう間に合わないな。まあ1回ぐらいはいいだろう。今日は計画したことを時間通りにやれなかったけれど、今日限りの1回だけのことなんだから」

これはやるべきことを先延ばしにする際の言い訳にすぎない。

何事にせよ、時間を厳守することである。

朝、何時に起きると決めたら、ぴったりその時間に起床しなければならない。朝食前にやると決めたことは必ずやりなさい。

集まりや集会に出席する際には、時間通りにその場にあらわれること。

いろいろな会合に出席する場合、特に他にやることがあるときなど、どうしてもぐずぐずしてなかなか腰が上がらないものだ。

やることが二つあって、一つはやらなければならないことで、もう一つはどうしてもやりたいことであった場合、迷わず前者からとりかかることだ。この鉄則を忘れると、やるべきことを時間内に片づけることは、まずできはしない。

朝の遅い人間で志を叶えた者は一人もいない！

早起きを習慣としなかった人で長生きした人は少なく、まして有名になった人となるとさらに少ない。起きるのが遅くなると、当然仕事にとりかかるのも遅くなり、結局、その日全体が狂ってしまう。

ベンジャミン・フランクリン（1706―90。アメリカ合衆国の政治家、著述家、物理学者。〝アメリカ建国の父〟とされる）は言っている。「寝坊しがちな人間は、一日中あたふたし、夜になってもまだ仕事が山積みになっている」。

『ガリヴァー旅行記』の著者スウィフトは、「朝寝をする人間でひとかどの人物になった者など一人もいない」と断言している。

現代はいろいろな点で堕落しているが、寝坊がその最たるものであることは、他の堕落とともに、歴史が証明してくれるものと思う。

ジョルジュ＝ルイ・ルクレール・ド・ビュフォン（1707―88。フランスの博物学者）

は自分の著作活動を振り返って、次のように語っている。

「若い頃、私は寝ることが大好きだった。そのため時間をずいぶん無駄にした。しかし、召使いのジョウゼフが一所懸命やってくれたおかげで、私は寝坊を克服できた。

私はジョウゼフに、もし6時に起こしてくれれば、そのつどクラウン銀貨を1枚やろうと約束した。

翌朝、約束通り彼は私を起こそうとして、さんざん私を苦しめ、そのお返しに受け取ったものは、私ののの しりだけだった。

次の日も彼は同じようにやってくれたが、うまくいかなかった。私としては結局、昼になってまた時間を無駄にしてしまったと思い知るはめになったわけだ。

私は彼に、『おまえは、自分の言いつけられたことを守れないらしいね。私ののしりなど気にせず、言いつけたことだけを考えなくては駄目じゃないか』と言った。

次の日、彼はとうとう力ずくで私を起こしにかかった。私は『頼むから勘弁してくれ。ええい、ほっといてくれ』と怒り狂ったが、ジョウゼフは手をゆるめようとはしなかった。

で、私はやむなく彼にしたがい、彼のほうは、私が起きるときにあびせかけるののしりのかわりに、毎日約1時間後には、感謝の言葉とクラウン銀貨によって報われたのである。そう、私の著書のうち10ないし12冊は、気の毒なジョウゼフのおかげでできあがったのだ」

早起きするためには、早く就寝することをすすめたい。その理由はいろいろあるが、まず目にも健康にもよいということである。われわれの創造主はよくお考えになって、人間は夜は早く床につくように創られたのである。

ドワイト博士（アメリカの外科医、解剖学者）は人々に対して常に「夜の12時以前の1時間の睡眠は、それを過ぎた後の2時間分以上に相当する」と言っていた。

あなたも夜10時までには消灯することにして、きちんとそれを守るようにしなさい。それで朝5時に起床すれば7時間の睡眠がとれるわけで、これがまさに自然の理にかなったことなのである。

では、いったいどうすればそんなに早く起床する習慣を身につけられるだろうか。たとえば、今夜10時に床につくと仮定してみよう。夜更かしをするのがあたりまえになっているあなたは、1時間ぐらいは寝つくことができず、そのため時計が翌朝5時を打つ頃はまだぐっすり寝込んでいるだろう。

だが、繰り返し言うが、いやしくもこの世で何かを成し遂げたいと思うならば、この習慣を身につけることが絶対必要なのだ。

それも、できるだけ早い時期に身につけるにこしたことはない。もしそれがお金で買えるものならば、いくら払っても高すぎることはないぐらいである。起きるのに小さな目覚まし時計を使用し、間もなくそれに強い愛着を覚えるようになる人もいる。このような方法で、規則正しく早起きができるようになるだろう。

一度目が覚めたら、まず意識的に寝床を離れるようにすることである。ちょっとでもぐずぐずしていると、睡魔が武装兵士のごとくあなたに襲いかかり、せっかくの決断は水の泡となり、希望は打ち砕かれ、習慣はくずれてしまうことになる。

ここでまたあらためて思い出していただく必要もあるまいが、早起きの習慣のある者は早寝の習慣があるはずで、またそうしなければならない。

もちろん、真夜中のベールに隠れて忍びよる誘惑や危険も避けなければならない。**若い時から早起きの習慣をつけている人は長生きするという傾向があり、そういう人は卓越した有能な人物になる場合が多い。**そして何よりも、おだやかな楽しい人生を送れるものだ。

私がこの点を強調するのは、寝床を恋しがるというのは特に若い人がおちいりやすい過ちであり、いったんこの癖がつくと容易なことでは抜け出せなくなってしまうからである。

「何かを学びとってやろう」という意気込みで人と接する

この習慣を身につけているのといないのとでは、40歳になるはるか以前から、人格に顕著な違いが出てくる。

人は多かれ少なかれ他人から学びとったものに基づいて行動するものだが、そうすることは自分のためだと意識して習慣にしている人はきわめて少ない。大部分の人はその場限りの興味や好奇心からそうしているにすぎない。問題は、年をとってから意識し始めても、役に立つ知識を増やすことはできないという点である。

ウォルター・スコット卿（1771―1832。英国の詩人、小説家）は、相手の職業のいかんにかかわらず、数分話すだけでどんな人間からも何かしら自分の知らない有意義なことを必ず学べるものだと語っている。このことからも、スコット卿の博識ぶりが察せられる。

この世で経験を積んでいくには、目を見開いているのと同様に、注意深く耳を傾けていることも非常に大切なことである。

自分の専門としている学問や本職以外のことは、何も学ぶ必要がないという考えは間違っている。接するすべての人々から役立つ知識を得たからといって、自分の専門に傷がつくなどということはありはしない。それに、**誰しも専門とすることについては、人の知らないことを知っているのだから、あなたがそれについて教わることは必ず価値がある**はずだ。

何から何まですべてを吸収しなさいとすすめているのではない。けっしてそうではないが、しかし、一つの大きな問題を考えているときでも、それに関連した別の事柄に注目することができないはずはない、と言っているまでだ。

たとえば、あなたが今どこか遠く離れた場所へ緊急な用事で使いに出されたとする。いちばん大切なことは間違いなく迅速に使いを果たすことであるが、**行く道筋にあるいろいろな景色やものごとを、通りすがりにしっかり観察することも必要なのではないだろうか。**

耳をすまして、どんな情報や逸話や事実をもできるだけ聞き漏らさないようにして、いちだんと賢くなって戻るべきではないだろうか。

こんなことが妨げになるだろうか。このようにしていろいろなことを習得していけ

ば、いちだんと面白味のある、博識で有能な人物になれるのではないだろうか。

「一期《いちご》一会《いちえ》」の精神で事にあたる

すぐれた学者は、一つひとつの単語をしっかりと記憶に刻み込もうと努力するので、再び同じ単語が出てきても辞書に頼る必要はない。

われわれは、何事に対してもこのようにあるべきだ。問題を調べる場合、おおざっぱな概念だけをつかんでおこうという態度で調べてはいけない。急いでいるとしても、徹底的に調べられるまで待つべきだ。

重要性の大小にかかわらず、たとえそれが何であろうと、少なくとも調べる価値があるのなら徹底的に調べるべきである——二度と調べる必要のないくらいに。そうすれば、いつまたその問題が持ち上がっても、考えは決まっているので慌てふためかないですむ。

確固たる信念を持つことが、すなわち毅然とした人格をつくりあげるのである。そうした信念は、善悪の判断はもとより、バランスのとれた判断が要求されるすべてのものに関係している。

ヒュー・ラティマー師（1485頃―1555。英国の宗教改革者）が長年抱き続けてきた信念を、最後まで曲げずに殉教した話を読むたびに、私はいつも涙ぐむほどの感動を覚える。

まわりの人々はラティマー師に、師の信仰のほうが正しく、カトリック教徒こそ間違っているのだと異論を唱え、それを証明すべきだ、としきりにすすめた。

しかし、師は、自分が年老いていて、精神力もいささか衰えていることを自覚していたので、どうしても異議を唱えようとはしなかった。そのようなことは若く精力的な人々にゆだねることに決め、自分は自分の信じることのみを繰り返して世を去った。

その問題に関しては、すでに自分のあらん限りの知力を傾注して検討し尽くしたと思っていたので、今さら自分の信念が間違っていないことをあらためて証明する気などなかったのである。

こうした確固たる信念に基づいた態度や、かくも深く根を張り、微動だにしない人格があってはじめて、いかなる苛酷な審問にも耐え、どんな攻撃にあっても超然としていられるのである。

その他もろもろの〝実生活に役立つ〟こと

服装は簡素で清潔であること、上着も帽子も靴も肌着に至るまできちんとしていること。

しかし、これが人生の一大事だなどと考えてはならない。肉体は魂の器にすぎないのだから、容姿をあまり重要視しすぎてはいけない。

服は上質のものを着ることをすすめる。いつまでも長持ちさせて着たいと思うだろうし、長持ちさせることによって自分がいかに物を大切にしているか、示したくなるだろう。

軽い運動をするときでも別の服に着替えなさい。仕事をするときや勉強するときも、運動するときと同じ服装では、仕事も運動も思う存分できない。

足は必ずいつも乾燥させ、温かくしていること。それには、毎日歩いて足を使うことである。

歯には特に注意を払うこと。なに、別にたいしたことではない。夜、床につく前に塩を溶かした水とやわらかい歯ブラシを使って磨くだけのことだ。こんな簡単なことでも忠実に守っていれば、年をとるまで立派な歯を保つことができるのだ。

とにかく、すぐ実行してほしい。これを怠ると、吐く息は虫歯のせいで必ずいやな臭いを発し、始終歯痛に悩まされ、食物がちゃんと咀嚼《そしゃく》されないから健康も害されることになる。そして、将来かなりの歯を駄目にしてしまうことになるだろう。

今はこんなことは取るに足らないことのように思えるかもしれないが、歯磨きを怠けていると、しまったと気づいたときはすでに遅く、必ずたいへんな苦しみを味わわなければならなくなる。

若い人同士のつきあいでも、**常に紳士的な態度と気持ちを忘れてはならない**。けっして、おどけ者やのらくら者のような振る舞いをしてはならない。この点に関しては、若い頃身につけた立居振る舞いが一生のあいだ続くことになりやすいからだ。誰だって、母親や姉が訪ねてくることになれば、部屋をきちんと片づけ、紳士として振る舞うだろう。ならば、常日頃から部屋をそのように整頓し、人と接しなさい。

清潔感というのは、人となりを示す言葉である。

「速く行なう」より「入念に行なう」クセをつけよ

よく知られていることだが、サミュエル・ジョンソン博士（1709―84。英国の文人。『英語辞典』を独力で完成）は自分の書いた原稿を出版社に送るとき、見直しをすることがなかったという。これはまさに習慣の賜物だった。ジョンソン博士は、まずゆっくりと、しかも正確な構想を練ってから書き始めたので、出来上がった文章に後から手を加える必要など、まったくなかったのである。

生来、人間は自分を抑える忍耐心に欠けており、思い通りに辛抱強く事を運ぶことができないものである。だから、一所懸命、入念に何かをやっている人にはなかなかお目にかかれない。

ふつう若者は、何かやらねばならない仕事があると、急いで終わらせたいと思うようだ。若い人同士の話を聞いていると、いかに速くやったかということは耳にしても、いかに入念にやったかと話しているのはまず聞いたことがない。

これは、はなはだよくない習慣である。**やる価値がある以上は入念にやるべき**である。**もしこの習慣がないなら、他にどんな知的訓練を充分に受けていてもまだ不充分**である。

一つひとつに入念に取り組まねばならない。そして、繰り返しこれを実行していれば、自然と速くやれるようになる。

この習慣がないばかりに、読み方が下手で、しかもつまらないものしか読まない読者がなんと多いことか。貧弱な内容のものをたどたどしく書いている作家たちがなんと多いことか。

エウリピデス（前485頃—前406頃。ギリシアの悲劇詩人）がわずか3行の詩を書く間に、ある流行詩人は300行も書いた。しかし、前者は永遠に残る詩を書き、後者は1日経てば消え去ってしまうような詩を書いたにすぎない。

読書であれ、会話であれ、作文であれ、量は少なくても入念に行なったほうがよい。

「性急すぎる」人間は、得てして人生の取るに足らないことに忙しくかけずり回りながら、それでいて、できるだけ多くのことを成し遂げるという人生の大目標を果たさずに終わるものである。

ある偉大な人物の努力と業績に驚いた人が、「どうしたらそんなにたくさんのことを成し遂げられるのですか」とたずねた。

「なに、**一度に一つのことだけしかやらず、それだけをまず断固としてやり遂げるように努力するのですよ**」

だから、あなたもぜひこれを肝に銘じておいてもらいたい。慌てて乱筆乱文の手紙を書き、急いでいたのであしからず、などという弁解を書かないことだ。そんなに慌てる理由などないはずである。自分をごまかしているにすぎない。5年も経てば何を書いたのか、丸っきりわからなくなるようないい加減なメモなら、しないほうがいい。

「心の猛獣」を自由に扱える人こそ本物の英雄なのだ

著述や学問に関して、しばしば引用されるソロモンの言葉は、実生活にもあてはまる。つまり「肉体的に参る」ほどの仕事や勉強は必ずといっていいほど神経にさわり、多かれ少なかれ人をイライラしやすくする。

あの優雅なオリバー・ゴールドスミス（1730頃―74。英国の詩人、小説家、劇作家）は、書斎に引き込もっているときには気むずかしく怒りっぽい人物であった。

いったい誰が想像するだろうか、しかし、それは事実なのだ。

『世界の市民』や『廃村』や『ウェイクフィールドの牧師』を書いた彼は、たぶん自分の作品の中で思いやりのある気持ちのよい人物であろうと努めるあまり神経が参ってしまい、現実の世界に戻ったときには、もはや愛想よくしようにもできなかったのではあるまいか。

ともあれ、ペンを握っているときや外出しているときには思いやりのある気持ちのよい人物が、書斎に込もると意地悪く怒りっぽくなるケースは不幸にしてままあることなのである。

われわれの中にも、「非常に感じがいいときもあるのに、時によってこのうえもなく不愉快になってしまう」人間が時々いるものである。**自分の感情をコントロールするには少なからざる努力が必要だが、それができる人こそ、本物の英雄なのである。**

他人とうわべだけの会話をする習慣ほど、放っておくとあっという間に身についてしまうものはない。たちまち不動の習慣となり、一生改めることができなくなってしまう。

それを避けるには、**人間らしい心を養う**ことである。隠しだてをせず率直な人間になることである。それも、他人の目にそう見えるというだけではなく、事実、そうあらねばならない。なかには率直で高潔な人柄が傍目にもすぐにそれとわかり、高く評価される人もいるのである。

自分のおかれている境遇に満足するようにしなさい。不平不満ほど、たちどころにその人間を不愉快な人間にし、本人自身の心の平安をも乱すものはない。

徹底した完全な教養を身につけようとする際には、言語をマスターするにせよ、数学をものにするにせよ、おびただしい難問を解決するにせよ、心をくじけさせるような障害に必ず出合うことを覚悟しなければならない。

広大な地域を探検した人で、灼けつく太陽、冷たい雨、もうもうたるほこり、ハエの大群に出くわさなかった人がいただろうか。

なぜ自分のこととなると「バランス」が働かなくなるのか

たった今出会ったばかりの人間の性格を、ほとんど直観的に判断することができる人がいる。本についてもそういう人がいる。本をパラパラとめくり、あるページの一部分を読み、他のページの一つか二つの文章に目を通しただけで、何のためらいもなくその本の価値を決めてしまう。

しかし、**ある人間や作家に対して、一度不利な偏見を抱いてしまうと、なかなかそこから脱することができなくなる。**それが昂《こう》じると、**判断力よりも偏見に左右されて行動するのが習慣となってしまう。**

すこぶる公正に、片寄らずにものを考え、判断できる頭脳というのはたいへん貴重だが、そうした頭脳を授かっている人はきわめて少ない。そして、たとえそうした頭脳の持ち主といえども、まったく偏見を持たずにすべての行為を行なうことはさらに難しい。ましてどんな時でも完全に偏見から解放されている人となると皆無である。

自分自身の評価になると、誰もが必ずと言っていいぐらい過大評価してしまうものだ。これは忘れないでもらいたい。友人に持ち上げられると、ますますいい気になってしまう。**友人同士の場合は、お互いに欠点を見過ごしてしまうし、たとえ見抜いて**

も大目に見たりあやふやにしてしまう。一方、**敵対関係にある人間の批判は、厳しく身にこたえるが得てしてそれが正鵠《せいこく》を射ている場合が多い。**少なくとも彼らは、われわれがけっして見ようとしない欠点を目の前につきつけてくる。

ものごとはその〝裏側〟をこそじっくりと検討せよ

もう一つ、注意しなければならないことがある。あなたのやることを世間はあれこれ誉めてくれるが、よく調べてみるとそのかげには不純な、あるいはよこしまな動機が隠れていたりすることがあるものだ。

だとしたら、そんな人たちの評価を基準にして判断しているあなたの自己評価は、正しいといえるだろうか。そもそもわれわれの長所などというものは、胡乱《うろん》なものである。にもかかわらず、危険なことに、われわれはそれらに全幅の信頼をおいているのである。

すぐれた人格をそなえたある陸軍将校から、次のような話を聞いたことがあった。彼は昔、アルコール度数の高い酒を全面的に禁止すべしという方針をじっくり検討し、立場上それを受け入れるのが自分の義務であるかどうか決断を下そうとしたそうだ。彼は大きな用紙を準備して、全面禁酒の方針が広まってはならない理由を順番に並べ始めた。そのリストはかなり長いものとなり、説得力のあるものとなった。彼はこちらの見解をとったほうが正しいのではないかと、強く感じるようになっていった。しかし、この確信をもっと完全なものにするために、今度は別の用紙に、これとは反対の立場の理由を並べ始めた。と、それはみるみるうちにどんどん数が増え、彼はついにその数の多さと重要性に愕然とするほどになった。そこで、ついにはまだいくつか残っていた禁酒反対の理由も、彼は全部ペンで消してしまった。

これが、私の言う公正な判断力を養うということである。これは一気に結論に至るよりもずっと手間がかかるが、はるかに得心のいく結論が得られるやり方であるし、公正に慎重に判断する習慣が身につくやり方である。

こんな"友人"なら、つきあって失敗はない

友人の選択とつきあい方については、すでにいろいろな書物に書かれているので、私は簡単にふれるだけにしたい。誰にも単なる知人よりはずっと親しい間柄の友人が何人かは必要だし、またそういう友人ができるものだ。

友人をつくる場合、特に難しいことが2点ある。第一は、**本物の友人を得ることの難かしさ**であり、第二は、**その友人と交友を続けることの難かしさ**である。そして、後者のほうがずっと難しい。

あとになるほど深まっていく友情に限って、はじめの出会いというのはさりげないものである。それに引き換え、はじめから両手を広げて抱きしめてくれるような人との友情というのは、めったに長続きしないものである。

友人は慎重に選ぶことである。先のことを充分考え、無二の親友だからお互いの考えも秘密も分かち合おうなどという言葉は、そう簡単に言わせないようにしたい。

友人を選ぶ際に覚えておくべきことは、お互いがお互いの習慣、性質、考え方、ものの言い方などを吸収し合うことになるのだから、**単に美点をそなえているだけでなく、できるだけ欠点の少ない友人を慎重に選ぶよう心掛けることだ。**

ある者は友人を頼りきって、彼らが自分から離れていくはずもなく、心変わりするはずもないと考えている。そうかと思えば、その両方を経験して、友情なんて「名ばかり」で何の意味もない、と言う者もいる。

しかし、どちらの両極端もけっして正しくない。次の文章には、充分な知恵と分別が含まれている。

「やさしい言葉は友を倍にし、思いやりのある話し方は親愛の情を倍にするものである。多くの人と仲よくしなさい。だが、相談相手はそのうちの一人で充分である。友を欲するなら、まずその人間を把握しなさい。評価を急いで、その人を買いかぶってはならない。

なぜなら、自分の都合のよいときにのみ友になりすまし、あなたが困難にあっているときには立ち去ってしまうような人間もいるからである。

あなたの敵に近寄ってはならない。この手の友に用心しなさい。

忠実な友は、強き味方であり、このような友を得ている者は宝を得ていることと同じである。

忠実な友は人生の妙薬である。古き友をすててはならない。なぜならば、新しき友で古き友に及ぶ者はいないからである。

新しき友は日浅き若きワインのようなもので、成熟したあかつきに心より賞味すればよい。石を投げ小鳥たちをおどし散らすように友を厳しくとがめる者は、友情も破壊するだろう。とがめられればいかなる友も自尊心は傷つき、秘密は暴露され、裏切りに傷つき、あなたのもとを立ち去るからである」

深い尊敬の念を抱いていない相手に対する友情は、長続きしない。尊敬の念があれば、友人の気持ちをもてあそぶなどということはできない。もちろん相手にも同じことがいえる。**度を超えた馴れ馴れしさと永続的な友情とは、相容れないもの**である。

相手の欠点を注意するのが友情と思ったら大間違い

友人同士の間では、**思慮分別こそ最も大切な資質である。熱意や多弁が、必ずしも相手に対して尽くしたいという願望や能力のあらわれになるとは限らない。**しかし、真の友を得るためには、友人に対してこうあってほしいと望むように、自分もまた友人に対してそうあらねばならない。

私は若者の一人ひとりに、ウィリアム・クーパーのみごとな詩「友情」をすべて暗記してもらいたいと思っているのだが、なかでも次の一節に込められた感慨を特にしっかりと記憶にとどめてもらいたい。

友がほしければ
その友が友人に求めるようなやさしさと美質を

自らすすんで精いっぱい示すことだ
なぜならば、前もってお互いに誠意を示し合うことこそ
友情に他ならないから

申し分のない長続きする友情にとって、双方が同じような精神的傾向を持つことはけっして本質的なことではない。**われわれは自分にない資質をそなえた人に敬服する。自分に欠けている資質を、それをそなえている友人によって補うことができるような気がする**からである。

相手の欠点を見出し注意してやることも、友情の一つの大きな役目だと考えられているが、これは危険をはらんだ役目である。それを行なうには非常に繊細な心づかいとやさしさが必要であるし、あまり頻繁にやってはいけない。

私は概して欠点を見つけ出し注意することが、友人たる者の務めだとは信じていない。なぜかといえば、相手が**高貴な目標に立ち向かうのを支え、奮起を促し、さらに**

一所懸命、努力を重ねていく勇気を与えるのが友情だと思うからである。

家族の一人ひとりが互いに絶えず欠点をあげつらい責め立て合って、果たしてその家族が幸福だといえるだろうか。

そうはいえまい。もし友人の成功を願っているなら、その友人が苦しんだり悩んだりしているときに勇気づけ、激励してやることこそ大切である。

少しでも誠意を疑いたくなる人は、最初から相手にしない

古い友人とのつきあいを大切にするのと同時に、新しい友人も探し求めなさい。なぜならば、われわれの境遇は転地や死によってしばしば変化するから、今新しい友人をつくっておかないと、そのうちに一人の友人もいなくなってしまうからである。

今さら言うまでもないが、友人を持つうえで何にもまして大切なのは、確固たる信頼感である。ほんのわずかでも誠意を疑いたくなるような人物とはつきあいたくない。

もし言葉が嘘を伝えるための手段として用いられるならば、人間はみなばらばらに離れて一人で洞穴に住み、自分だけのために獲物を探さなければならない。そして、友人を探し求めることもむなしいことに違いない。

いささかくどく述べてきたが、私の言いたいことは、すべての読者諸君が友人、それも選りすぐった**私心のない友人を持ってほしい**ということである。そして、**もし自分の心を磨き、愛される値打ちのある人間になるよう努めることを日々の日課としないなら、そうした友人は得られないであろう**ということである。

どんな木でも充分な世話をしてやらなければ、生きることも生い茂ることもできない。しかし、そうした世話を惜しまなければ、木は長年にわたってたわわな実を結んでくれる。読者諸君は、「君のお父さんとは友だちだったんだよ」という心温まる挨拶に感激した経験が、少なからずあるのではないだろうか。

友情は、分かち合う者がいるからといって減るものではない。友情は誰の心をも晴れやかにする。また同時に、苦しみを分かち合うことによって、友情はさまざまな悲

しみをやわらげてくれる。

汝友《なんじ》あり――汝まさに
豊かで尽きぬ宝庫を持てり
いかなる汝の必要をも満たす宝庫
汝の命尽くるまで大切にすべし

第2章

集中力・記憶力が格段にアップする「短期決戦」法！

毎日の小さな「スランプ」を打ち破る法

勉強の仕方に関して、ヒントとなるようなことをいくつかあげてみよう。本当に重要なものだけを書き漏らさないよう努めたつもりなので、順番にはこだわらず、ぜひ実際に試してみてほしい。

何時間勉強しなければならない、というようなことは絶対にない。それは、個人個人の資質によって異なるべきである。頭の回転の遅い人は人より多くの勉強時間を必要とし、またそれを辛抱するものである。

私の経験では、それほど意識を集中させずに長時間勉強するより、**意識を精いっぱい集中して短時間みっちり勉強したほうがはるかにいい**と思われる。

1日6時間、全意識を集中して勉強できる人間は、出世すること間違いなしと思っていい。しかし断わっておくが、それは、精神がくたくたになってしまうほどの激しい勉強になるに違いない。

全意識と全思考力を集中して勉強している対象と取り組まなければならない――ちょうど、太陽の光で火をおこすとき、光線をレンズの焦点に凝集するように。単なる乱読多読を、あるいは、何であれ息抜きや娯楽としてやるようなことを勉強だと称してはならない。それらは勉強ではない。

勉強はできるだけ午前中にやること。午前中のほうが頭もよく働くからだ。

10冊をななめ読みするより、1冊の本を徹底的にマスターする

一つの学問をものにするのは、一つの国を征服するのと実によく似ている。もし砦や要塞を片っ端から徹底的に征服していくなら次々に勝利を得られるだろうが、もしあちこちの砦や要塞を征服し残しておくと自分の背後に敵を迎えることになり、すぐにもう一度征服しなおさなければならなくなる。

ものごとをうわべだけいい加減にやるのが癖になると、このように必ず屈辱感を味

わうことになり、自尊心が傷つくことになる。したがって、たとえ自己満足にすぎなかろうとも、**何事も徹底してやるべきである。**はじめのうちはたいした進歩は望めないだろう——進歩といっても微々たるものであろう。が、これからの長い人生のうちには勝利を手にすることができるだろう。

どこかであいまいに仕入れた一知《いっち》半解《はんかい》の知識がたくさんあるよりも、量は少なくても、きちんとした知識——自分が確実に身につけている知識——**があるほうがはるかにまし**である。一つの授業、あるいは1冊の本を完全に徹底的に理解しているほうが、10の授業、あるいは10冊の本を生半可に理解しているよりずっとためになる。

一つの考えをより深めたい、あるいはある特定の問題点を明確にしたいと思ったら、それを完全にやり遂げるまでは中途で投げ出さないことである。

あらゆる観点から検討してみなさい。それを表現する方法が幾通りあるか、またどれが最も簡潔で最も適当であるか試してみなさい。

それについて詳しく述べたければ、いろいろな著者の意見にもあたってみることである。その中にはおよそ自分が今まで考えもつかなかったようなヒントを与えてくれるものもあるだろう。そして、いかなる微細な点をも充分に考慮してみるのである。

こうして自分の取り組んでいる問題を一歩一歩、徹底的にマスターしていくことによって、たとえ勉強する本の数はあまり増えなくとも、実際に役立つ知識のほうはどんどん増えていく。

勉強しているものの中に中途半端なことがらや納得のいかない点をそのまま残しておくことは、いい加減で生半可な知識が倍増し、混乱を招くことになり、学者どころか衒学者《げんがくしゃ》への道を歩むことになる。

やり遂げた人だけが手にできる本物の「知的興奮」

ある人にとっては骨の折れる勉強が、別の人にとってははたやすい場合もある。それだけでなく、今日はやさしく思えた勉強が、あるときは耐え難いほどいまいましく思えることもある。これは、集中力をコントロールすることが難しいためである。健康状態がいつもと変わらないなら、一定の集中力さえうまくコントロールできれば、いつも同じように快適に勉強できるものである。

しかしながら、ちょっと試してみればわかることだが、暖かく明るい日差しの降り注ぐ春の一日、自然が戸外へ出てきなさいと誘いかけているような一日、むりやり勉強するのがバカらしくいやになるような一日——そんな日よりも、戸外で何かをやろうなどという気が全然起こらないほど、寒い吹雪の冬の日に勉強するほうが、ずっと集中できそうに思えるということがある。

勉強というのは、たとえどんなに調子の悪いときでも、ぼんやりして全然頭が働かず、体もけだるく、痛みさえ感じているようなときでも、何時間も何年間もひたすら続けていかなければならないものだということを頭に入れておくべきだ。

「およその物は権力で手に入れたりお金で買えたりするが、知識だけは勉強して手に

入れる以外に方法はない」

しかし、あなたは、ある傑出した人物を引き合いに出してこう言うかもしれない。「誰それの若い頃は学校の勉強にしろ何にしろ、評判になるほど成績はよくなかったではないか。大学に地位を得ることもなかったし、学者として評価を受けることもなかったではないか」と。

そういうこともあるだろう。しかし、一つだけはっきり言っておきたいのは、そういった人物も、もしある期間に**味気ない骨の折れる勉強をやり通さなかったとしたら、けっしてそれほど傑出した人物になれたはずがない**ということである。

厳しい勉強によって精神を鍛え、厳密に考え抜く習慣によって頭脳を鍛えあげたいと思っているのなら、自分の勉強している対象について不満を言うはずがないということである。

一日15分あれば進歩は保てる

記憶についてはすでに述べた。ここでは、緻密な学習をする場合にそれをどう利用したらよいかということだけ述べてみたい。

あなたは、今までに、ある考えや一連の知識を記憶から消し去ろうとしてそれができなかったという経験は一度もないだろうか。あるいは、あるアイデアや一連の思考の流れを思い出そうとすればするほど、ますます思い出せなかったという経験は一度もないだろうか。

それは、**記憶というものが自由を愛し、強いられることを嫌うからである。**記憶は自発的に自分の力を試したいのだ。したがって、強制によって記憶を弱めないようにしながら、できるだけ多くのことを正確に記憶するのが正しいやり方ということになる。

小さな子供たちは、ラテン語やギリシア語の単語の長いリストを他人が読んでいるのを繰り返し聞くうちに、覚えるつもりがないのに覚えてしまうことがよくある。また言葉を覚えるのがうまい人は一様に、覚えようと思うものを繰り返し繰り返し読むことによって、それを記憶にとどめているのだ。

たとえば文法を覚えようとする場合、文法だけをまとめて長時間だらだらやるよりも、短時間でよいから全神経を集中して勉強し、それを何度も繰り返してやるべきである。目と同様、耳を通しても頭に入るように、まず勉強する箇所を大声で読む。

次に教科書をわきにおいて、ペンで全部書き出してみるのだ。このやり方だと、目も耳も働き、同時にすべての文字、音節、音までしっかり頭に入れることができる。このやり方は最初の間は進みが遅いかもしれないが、効果的なやり方であって、完全にマスターできる。したがって、すぐに自信が湧いてくる。どんな新しい知識が出てきても悠々としていられるようになる。

文法を覚える際にやっかいなのは、同じようなことがらや単語がかたまって出てくることである。類似は頭を混乱させる。

仮に貴金属店へ行き、そこで20個の時計が入ったケースを見たとしよう。20個の時計にそれぞれ異なった名前がついていても、あくる日には、もうあなたはどれがどれだか区別できまい。しかし、たとえば5日間毎日通って、1日4個ずつ注意深く調べるとしたらどうだろう。

店員は、それぞれの違いを詳しく説明してくれる。これはふつうの時計です、と言って、そのメカニズムと部品を全部見せてくれる。こちらは新案特許のレヴァーで、従来のふつうの時計とはこんなふうに異なっています、と説明してくれる。3番めはレパイン、その部品もまた特徴がある。次は高精度時計《クロノメーター》、今まで見たうちのどれとも大きく異なる。店員はそれぞれの特性を説明し、互いを比較して見せてくれる。

翌日は、彼に教わったことを全部おさらいして記憶を新たにし、それぞれの名前と特徴や特性をしっかりと記憶に刻み込む。

それからさらに、次の4つの時計へと進んでいく。同じようにして、前の日に教わったことを欠かさず次の日に復習する。そうすれば5日めの終わりには、記憶を頼りに個々の時計の名前と性能を復唱できるようになる。

この方法をとりいれる前は、数が20個であるということと、5列に並んでいたということしか覚えられなかったのに！

さて、文法もこれと同じような緻密なやり方で勉強すればいいのだ。そうすれば、記憶が混乱するとか覚えられないとかいった不満はなくなる。

とにかく根気よく反復すること

疲れを知らぬ努力家ヴィッテンバッハ（1726―1806。デンマークの古典学者）は言っている（自らの経験に照らして彼ほどきっぱりと言いきることのできる者はまずいまい）、**復習の積み重ねは「信じられないほど効果的な進歩を生み出す」**と。

しかし、加えて彼はこうも言っている。

「それは本当に徹底的な復習でなければならない。すなわち、何度も何度も繰り返し復習しなければならないということだ。

つまり私が言いたいのは、毎日、前の日に学習したことを復習し、週の終わりごとにその週の1週間分を、月の終わりにその月の1カ月分を復習するということである。さらに休暇中にも、全部を再び何度も繰り返して復習するのである」

この偉大なる学者は、ある時、自分の生徒に向かってこうも言っている。

「私の言った通りの計画にしたがえば、毎日1時間、あるいは少なくとも1時間近くは、必ず勉強を続けられるはずだ。なぜなら、子供のうちは毎日少しずつでも勉強に時間を費やそうとの気持ちがあるなら、それを妨げるような仕事をする必要などないからだ」

つけ加えさせてもらえば、毎日15分間でも復習に専念するようにすれば、復習してきたすべてのものをいつも記憶の中に新鮮に保つことができるばかりでなく、難しい古典語の勉強もおおいに進歩するはずだ。まずこの習慣を身につけるまでは、完璧な学者になろうと望んだところで無理である。はじめのうちはやっかいだろう。が、それも最初のうちだけだ。

「クセノフォンの『ソクラテスの思い出』を読んで勉強したとき、私は必ず前の節を読み返してから次の節に進むようにしていた。章や巻も二度読んでからでないと次へ進まなかった。このようにして読みあげたあと、最後にもう一度全体を通して読み返した。

おかげで3カ月にも及ぶ大仕事となったが、そうした繰り返しが自分にとってたいへん有益だということがよくわかった。繰り返し読んでよかったと思うのは、二度読んだ節や章から新しいところに進む際、どんなに難解な点が出てきても読み通せるだけのはずみがついたことである。キケロのたとえを借りるなら、『一度はずみがつくと、オールで漕ぐのをやめても舟が前に進むように』」

たいていの人のやり方は、これとはまったく違っている。彼らの通り過ぎてきた行程は濃い霧でおおわれているようなもので、振り返っても、霧以外は何も見えない。前方をながめても、おそらくもっとぼんやりとかすんでいることだろう。道のりはどこまでも続くように思え、現在、自分がどこにいるのかさえはっきりしない。その時々の心の支えや確信がなければ、そして将来思い出せるような鮮烈な記憶がなければ、誰しももやの中を歩き回るようなことになるのは致し方ない。

頭の〝鮮度〟を抜群に高める気分転換の技術

一度に何時間も続けざまに難しい問題を考えたり、一つの課題だけに長時間頭を使うことのできる人はまずいない。たいていの人は途中で休憩することになり、するとせっかくまとまりかけていた考えもばらばらになってしまう。せっかく集中させた思考を維持しようと努力しない。

たとえば、ホメロスか、あるいは代数を勉強していると仮定しよう。一度に2、3時間勉強しているとする。肉体は疲労し、頭はこれ以上ものを考えられない状態になる。そこで勉強を中止し、教科書を放り出し、勉強していたのと同じぐらいの時間、休憩する。そうすると、それまでの時間はすべて無駄になる。あるいは、ほとんどそれに等しいことになる。

頭の鮮度を再びよみがえらせるのは、ぶらぶら休息するのと同じく、勉強する対象に変化を持たせるだけでも可能なのだということをわれわれは忘れている。

代数を中止したら、リビウス（紀元前57—紀元後17。ローマの歴史家）やタキトゥス（55頃—115頃。ローマの歴史家）を手にとってみるといい。習ったばかりの講義を振り返るみたいに、それが新鮮に感じられて驚くはずだ。

あるいは、最近読んだ本の覚え書きをつくったり、頭を切り替えて次の文章の主題を考えてみるのもよい。このようにすれば、大量の時間を節約できるわけだ。

われわれの父親や今日のドイツ人たちが一日に16時間も勉強に専念できたということは、驚きに堪《た》えない。

頭が疲労するまで一つの勉強をし、それから他の、頭が休まると同時に活力が湧いてくるような勉強に取り組むというふうにしない限りは、誰だってこんなに勉強できるはずはない。これが時間を無駄づかいしない人間と、そうでない人間との違いなのだ。

「多才人間」の秘密をさぐる

人生で多くの業績をあげる人間は、前述のやり方を採用している。だから、一人の人間が一見両立し難いように見える能力や努力を必要とするいくつかの役目にたずさわり、しかもてきぱきと仕事を片づけるようなことが実際に起こるわけだ。そういう人は、いわば**絶えず仕事をしながら、絶えず休憩している**ということになる。

高名なグッド博士は、激しく神経を使う医師という自分の専門の仕事をこなしながら、40歳になるずっと以前に、エッセイで賞を受け、少なくとも11の言語をものにし、

『ユニバーサル・ディクショナリー』12巻の編纂《へんさん》にたずさわり、有名な『医学の研究』を書き、なおかつ常に詩を書き、詩の翻訳を行なったのである。彼の『自然論』を読めば、その業績がいかに幅広く多様で緻密であったかがわかるだろう。仕事を進めていくうえでその多様性や重圧で混乱してしまうどころか、彼はすべてを同時に進行させ、どれ一つとしておろそかにせず、また中途半端で放り出したものもなかったのだ。

クラーク博士（1817—80。英国の医師）いわく、「『火の中にたくさんの鉄器を入れるな（虻蜂《あぶはち》とらず）』という昔の諺は大きな間違いである。火かき棒であれ、火ばしであれ、いくらたくさん入れても入れすぎることはない。全部いっぺんに入れておけ」

いつもこのように頭を使っていれば、とりとめのない妄想にふけってなどいられなくなる。**妄想が入り込む余地のないほど頭を使っていれば、たとえ仕事に変化を持たせることで何一つ得るところがなくとも、くだらないことに頭を使っていないという満足感は得られる**のだ。

第3章

緻密な頭をつくるための読書法！

知識の「消化不良」ほど、たちの悪いものはない

古来、傑出した人物は誰もが、注意深く読書する習慣があった。そして、この習慣をそなえずして、ひとかどの人物になることは不可能である。ベーコンいわく、「**読書は充実した人間をつくり、会話は機転の利く人間をつくり、執筆は緻密な人間をつくる**」と。

ベーコンの言う「充実した人間」には、広範囲な徹底した読書をしない限り、なかなかなれるものではない。いくら天才的才能があっても、いくら発明創造の才知があっても、この点の埋め合わせにはならない。めったにないすぐれた才能の持ち主であれば、おそらくあちこちに自ら堂々たる道をつくっていけることだろう。しかし、先人たちが英知を結集して道をつけてくれているのに、誰がわざわざ新米に小道を探したりつくったりしてもらいたいと望むだろうか。

公平で正しい判断を下すためには、まず他の時代の歴史を振り返り、過去と現在の比較ができなければならない。活発な精神を持つためには、後世に不滅の思想を残していったすぐれた先人の精神に絶えずふれて、自分の精神をリフレッシュし、強化しなければならない。絶えず思考の領域を広げ新しい考えを生み出す精神、少なくとも立派な思想を、常に吸収する精神を持ちたいものである。

食物が血管を循環する血液の糧であるように、読書は精神の糧である。読書に熱中しないような人間は、立派な精神活動ができる見込みもない。読書をしないでベーコンの言う「充実した人間」をめざすのは、新鮮な食物をとらないで健康かつエネルギッシュでありたいと望むようなものだ。それはちょうど、ミシシッピ川は支流を全部断ち切られても雨さえ降れば大量の水を海へ運ぶだろう、と考えるぐらい理屈に合わないことである。

堅苦しい思想の詰まった本はわずらわしいといって、物語やいわゆる軽い現代物の文学ばかりを読む人がいる。特に若い人々はとかく娯楽のためにだけ本を読む傾向があるし、絶えずその誘惑に駆られる。

読書の目的は、いくつかの分野に分けられるだろう。ある者は、もっと厳しい勉学の骨休めに本を読む。そうして、気分を爽快にし、精神に活力を与える。またある者は、人類の歴史や経験の中に確固とした現実を読みとり、さまざまな状況下でいかに人間が生き、行動してきたかを知る。そして、そうした現実から結論を導き出す。つまり、自分の視野が広がり、判断は是正され、歴史上のあらゆる時代の経験が自分自身の経験となるのだ。

ある者は、多分に情報のために読書する。将来役立つように知識をたくわえ、いつでも使えるようにそれを分類し、整理しようとする。

またある者は、文体のために読書をする——力強い、あるいは繊細な感性を持ったすぐれた作家が、自分をどう表現しているかを学ぶために。

娯楽のための読書は別として、こうした目的を達成するためには、言うまでもなく**読書はゆっくりとあるいは慎重になされるべきである。**膨大な数の本を読んでいる人間が、価値のある知識はわずかしか持っていないということがよくある。昔からいみじくも、膨大な蔵書は知的な贅沢だといわれている。速読家は概して漫然たる読書家であることが多い。数だけは読んでいるが、何も知ってはいないのだ。

漫然と速読する読書家と、真の学者とは、まったく異なるタイプの人間である。人間の本質を見抜いているある人は、こう言ったものである。自分は膨大な蔵書を持った人間と議論をやりあうことになっても、けっして恐ろしいとは思わない、と。こういう人は、たとえ蔵書はわずかでも、ものごとをよく考え、自分の頭脳を知的活動に最適な状態に整えている人である。

以上のことにはまったく例外がないなどと言うつもりはないが、それにしても、これから人生を始めようという若者には例外なくいえることである。

読書によって成長しようと考えているなら、まず丁寧に読むことである。ガツガツと飲み下された食物を、胃は受け入れて消化し、肉体のための栄養分を吸収するだろうか。そんな食物は、体を素通りするだけだ。頭脳も同じで、**慌しく詰め込まれるも**

のからは何も吸収できはしない。

貴重な「知識源」を最大限に利用し、自分の血肉とすること

昔の人は、本が少なかったために、その少数の本をどうしても徹底して読まざるを得なかった。その点で昔の人には、本の少なさという不利な面を充分補ってあまりあるものがあったといえる。

当時、本を所有するには手で書き写すしかなかった。そして、所有したいばかりに本を書き写した人が、その本の中身をも自分のものとすることが往々にしてあった。印刷術のない時代には、本の数はきわめて少なかったので、キケロの『弁論家について』やクインティリアヌスの『弁論術教程』などの写本を請うために、使節がフランスからローマへ派遣されたものである。これらの本の完全な写本がフランスのどこにもなかったからである。

ジェムブルー修道院長のアルベールは、信じ難いほどの労力と費用を投下して、150冊のありとあらゆる蔵書を収集した。当時、これは実に驚くべきことだったのである。

1494年、ウィンチェスターの司教の書斎には、種々の分野の書物が断片的に17冊あるにすぎなかった。司教が聖スィジン修道院から1冊の聖書を借りたときは、必ず傷一つつけずに返却するという、仰々しい誓約書を提出しなければならなかった。

かつては本を購入するというのは重大事だったので、その場合は然るべき人に保証人として立ち会ってもらわねばならなかった。1300年以前のオックスフォード大学の蔵書は数冊の小冊子があるだけで、しかも、なくならないようにと小さな箱に厳重に保管されているか、あるいは、鎖をかけられていた。

また、14世紀初頭のフランス王室の蔵書は、たった4冊の古典と数冊の祈禱書しかなかったのである。

昔は、数冊の本でもあればまだましだったであろう。知識は四方八方に分散しており、真実は深く埋もれていたのだから。

リュクルゴス（伝説的なスパルタの立法者）やピタゴラスは、霊魂再生の教義を理解するためにエジプトやペルシアやインドまで旅して回らなければならなかった。

ソロンやプラトンは、自分の知りたい知識を得るためにエジプトまで出向いていかねばならなかった。

ヘロドトスやストラボンは史実を採集するために旅をし、旅をしながら地図も製作しなければならなかった。一般大衆は蔵書を持つことなど考えもしなかったし、一方、6冊も本を持っていると、それだけで尊敬された。

それほど書物が稀少だったにもかかわらず、当時の学者たちの知識はわれわれをはるかにしのいでいた。われわれは、ホメロスのように詩を書くことも、ツキディデスのように歴史を書くこともできない。われわれは、アリストテレスやプラトンのような天才でもなく、デモステネスのように周囲の人間を魅了する弁論術も持たない。

古人は絵画や彫刻でも、われわれをはるかにしのいでいた。それでも、彼らの所有する本はきわめてわずかであった。しかし、その少数の本は繰り返し熟読されたのである。彼らは自分たちの持てる知識源を最大限に利用し、それで間に合わない場合は、求める知識源を貸してくれそうな人間を探し求めたのだった。

われわれのおかれている状況とは、雲泥の違いがある。われわれは見境なしに多読するが、得るところはほとんどないのだ。**「量より質」**というのは、まさに読書にぴったりの言葉である。

どうやって「読むべき本」を見分ければよいのか

では、読むべき本を知るにはどうしたらよいのか。これは、たいへん重要な問題である。というのは、たとえ破滅させてしまわないまでも、確実にあなたに害を及ぼす本もあるからである。また、これといってたいしてためにならない本もある。しかし、つきあった人間から必ず何か影響を受けるように、どんな本にせよ、何らかの影響を残すものである。

現代のように書物があふれている時代に、出版される本を、あるいは推薦される本を、片っ端から全部あるいはその一部でも読めるなどとは思わないことだ。**まず1冊の本を手にとって、1章だけ読んでみる**とよい。全部を読まずに、果たしてその本が読むに値するものかどうかわかるだろうかとお思いだろうが、わかるのである。樽の中のワインの良しあしを判断するのと同じである。**グラスに1、2杯飲んでみて、まずければ、そのワインはすべて駄目なのであって、それを判断するために樽の中身を全部飲む必要はあるまい。**

「一日は短いのだから、義理で書いたような本を読むぐらいなら、私には他にやるべきことがある。読むなら読んだだけのことがあるものを読みたい。なかには、ざっと見ただけで筆者が一番主張したいらしい内容とは矛盾している本がある。『そんな本でも無理して読む』という人はまずいないだろう。もしある人が2＋2は5だという ことを証明する念の入った理論の解説をしようと言うなら、そんな議論につきあうより、私には他にやることがある」

しかし、もっと簡単で、しかも確実な見分け方がある。本も薬と同じように扱うのだ。つまり、**他の人が試して、その効用が実証されてから手を出す**のだ。立派な本だと定評のある本が必ず身近にあるはずで、そういう本は概して内容がしっかりしているものである。

ことごとくすべての本を読むことはできないのであり、たとえできたとしても、それで賢くなるわけではない。がらくたというのは、あなたがたくわえてきた価値あるものをおおい尽くし、台なしにしてしまうものだ。

読み進むうちに何かためになることが書いてあるだろうと期待して、つまらぬ著者や、うわべだけを浅薄な美辞麗句でかためるような著者の作品もむりやり読まなければならないなどとは、絶対に思わないでいただきたい。失望するのがおちである。

一番内容のある部分を最後のページまで隠しておく著者もいるかもしれないが、もし読者をオアシスがまったくない砂漠を延々と旅させるような著者ならば、それは、はなはだ才能の乏しい著者なのだ。そんな本は読まぬことだ。他にもっとすぐれた本が見つかるはずだ。

1冊の本を120パーセント活用し吸収する方法

書物はどうやって読み始めたらよいか。食事をするときには、必ずその料理をながめてから味わうものだ。**机に向かったらまず表紙をよく見る**ことである。**著者は誰か、どこの人間か、その著者について知っていることがあるかどうか。どこから、誰によって出版されているか。その出版社から出ている本の一般的な傾向について知っているかどうか。そして、その本について耳にしていることを思い出す**のである。

それから前書きを読み始め、著者はどのような口上を述べ、自分自身や自分の作品についてどう考えているか、また**著者はなぜあえて公に自分の考えを問いかけようとしているのかを読みとる**のだ。

次に目次に移り、**どのように主題を分割して表現しようとしているか、全体のプラ**

ンにざっと目を通すのである。それから一つの章なり節なりをとりあげて、どう組み立てられ、どうまとめあげられているかをつかむ。

さて、目次をさらに検討する前に中身を味わってみたくなったら、重要な主題が述べられている箇所をひらいて、それがどう展開されているか見てみるのだ。そうしてためしに読んでみた結果、もしその著者は面白味がなく、衒学的で浅薄だと感じたら、何もそれ以上読む価値はない。とても得るところはないだろうし、あったとしてもささやかなものにすぎないだろう。

しかし、もしその著者の主張が傾聴に値すると思ったら、**もう一度目次に戻る**こと。各章ごとに検討したら、今度は本を閉じて、その本の全体のプランが完全にはっきりと自分の頭に入っているか確認するのである。

これを終えるまでは、先へ進んではいけない。**全体のプランを頭に鮮明に刻み込んでから、新鮮な気持ちで第1章にとりかかる**のだ。あとは、中身があなたを惹きつける限り読んでいけばよい。

さて、読み進めていくわけだが、一文ごとに「自分は理解しているかどうか。真実かどうか。重要であるかどうか。あるいは当を得たことかどうか。覚えておくべき価値のある点があるかどうか」と自問しなさい。そして、段落の終わりごとにも同じことを自問しなさい。段落の要点をきちんと把握するまでは、次の段落へ進まないことである。

こうして一つの章を終えたら、そこでもう一度振り返って、その章で著者が言わんとしていることは何か、述べ尽くしていることは何かを考えてみるのである。

読みながら考え、読み終えてからも考えること

こうして読み進んでいく過程で、それぞれの段落や文章で自分が最も大切と思う部分に、鉛筆で空白の部分を利用してしるしを書き込むこと。わかりやすく説明するた

めに、私自身、非常に役に立つと思っているいくつかのしるしをあげておこう。これらのしるし、あるいはそれに類したものは、便利なものである。

= この段落で、この章の中心的問題、もしくはその一つが証明されたり詳しく説明されていることを示す。つまり、要点ないしは一連の要点の一つを示す。

∧ 述べられている趣旨が正しく、今後さらに無限に広く展開されるであろうことを示す。

V 実証できないこと、したがって正しくないことを示す。

? 論旨に疑問があることを示す。

!? 事実としては疑わしいことを示す。

S すぐれた指摘で、事実がそれを証明するだろうことを示す。

∞ まずい指摘で、事実がそれを証明できないだろうことを示す。

φ 主題と関係がなく、省いたほうがよいことを示す。

θ 繰り返しにすぎず、著者が堂々めぐりしていることを示す。

△　適当な箇所に挿入されていないことを示す。
○　見識のあることを示す。
◉　見識のないことを示す。

こうしたしるしは、楽しみながら増やしていけるだろう。私自身はこれだけで充分、間に合っている。右にあげたしるしをそのまま使わなくても、自分なりのものをそれぞれ考案すればいい。

さて、このような読み方は時間がかかるのではないだろうか。

その通り。なかなかはかどらないものだ。

しかし、それでも非常に効果があるのである。この方法で1冊の本を読むことは、走り読みで20冊読むのと同じだけの値打ちがある。

これなら読むと同時に考え、判断し、識別し、選別せざるを得ない。自分なりの考え方が要求され、それが脳裏に刻み込まれることになるので、将来いつでも役立つことになる。**読んだものを自分のものにするには、まず読みながら考え、読み終えてか**

らも考えることである。

「人に語る」ことで、その本のエッセンスは確実にものにできる

自分が読んでいる主題について友人と話し合うこともまた、非常に大切だ。だが率直に、そのことについて現在読書中であることを打ち明けておかなければならない。そうすれば友人も、そのことをあなたが自分の意見として主張しているのではないことをわかってくれるだろう。

自分が読んだ本の内容を、他の人と話し合うことで確実にものにしたい、という意欲のある人間が何人か集まってサークルができれば、さらにいい。

「思想もまた、人に語ることによって、より確実に自分のものになる。すなわち、**教えることは学ぶことであり、与えることは与えられることなのだ**」

友人があなたと同じ本を読んでいたり、他人に本を読んでやっている場合は、対話

はさらにいっそう有効なものになるだろう。

読書にかけた時間の4分の1を考察に充てる

読んだ本の内容については、振り返って考えることにかなりの時間を費やすべきである。最もすぐれた学者たちは、読書に費やされる時間の4分の1をそれに充てるべきだと考えている。これはけっして、多すぎるとは思われない。

だが、先に述べたように、鉛筆で余白にしるしを書き込んでいけば、明らかに短時間で著者の考えを反芻し、自分なりの判断も下せるのではないだろうか。

一見しただけで、それぞれの段落の特徴がわかるだろう。どこに知るべき情報があり、それがどのような情報であるかがわかる。そして、即座にそれを自分のものとすることができる。

索引をつくり分類する「読書術」

読書に関して、非常に重要なことがもう一つある。それは「分類」である。

われわれは、人類が大きく進化しない限り、今のわれわれに欠けているある能力を必要としている。すなわち、何であれ、われわれの頭の中を通過していく重要なことがらを、すべて脳裏にとどめておく能力である。

われわれは、読んだものをすべて書き出したり、そっくり写したりはできない。そして、われわれが思い出せるのはほんの一部だけだ。

どうしたらいいだろうか。

一つの手段として、私は**読んだ本の索引をつくる**ようにしている。そうやって本の内容を分類してあるので、読んだ本の内容にすぐに言及できるし、どの本の何ページに何が書いてあるかもすぐわかる。

おかげで覚え書きをつくる手間が省け、しかも、可能な限り多くの情報を埋もれさせずに維持することができる。

数年間これを続けると、計り知れないほど重宝な索引ができあがる。たった1年続けるだけで、あなたもその便利さを放棄できなくなることだろう。

頭に浮かんだ考えは、書き留めなければすぐ消えてしまう

もう一つ覚えておいてもらいたい大切なことは、**読書をするときは必ずそばにペンとメモを用意しておく**ことである。それは索引づくりをするためだけでなく、自分の頭に浮かんだ考えを書き留めておくためでもある。

読書中は頭が非常に活発に働くので、新しい大胆な考え、書き留めておくに値する考えが、次々に生まれてくる。しかし、それらはその場で書き留めておかなければ、すぐに消えてしまうものであることに気づいておられるだろうか。

賢明な人間とは、先人たちから受け継いだものと同様、自分の生み出したそうした

宝物も注意深くたくわえる人間である。われわれも、そうであらねばならない。それは若い人々にとって、何にもまして重要なことである。

読書はその人の文体をつくる

ここで読書における3つの大切な目的と思われるものを述べて、この章を終わりにしたい。

ある人から精神的影響をずっと受けていれば、人は否応なしに、言葉づかいや考え方までその人に影響されるものである。

崇高で整然とした気品ある文体で書きたかったら、まず1カ月間じっくりとジョンソンを読めば、それはさほど難しいことではないだろう。

高潔で素朴な、外来語の混ざらない純粋な英語の文体で書きたいと思ったら、ジョン・バニヤンの『天路歴程』を何回も通して読むことである。そうすれば、書けるようになるだろう。

人と腕を組んで何日も歩くとき、相手の歩調や足どりに合わせないでそれができるだろうか。われわれの精神が、交わる人の色に無意識のうちに染まるのは自然の法則である。生きた人間とじかに接する場合であれ、活字を通して接する場合であれ、同じことである。だからこそ、すぐれた作品を読むことが大切なのである。いろいろな点でよい影響を受けるからである。

何よりも若者の知性や道徳観に影響を与えるのは、書物であろう。たった一冊の本が、考え方にしろ、言葉づかいにしろ、一生涯続くような傾向や偏見を与えてしまうことがよくある。

傑出した人物であったポーター学長（1811―92。会衆派教会の牧師、教育家、イエール大学学長）の言葉を聞いていただきたい。

「神学生だった頃の私自身の経験を述べさせてもらうならば、私は、他のいかなる書物よりも、ジョナサン・エドワーズの『自由意志論』に大きな影響を受けました。私はこれを牧師になる前に何回も読み、それ以後も折りにふれては読み返しております。この本から私の得た恩恵は、とても言葉で言い尽くせるものではありません」

時々韻文を書いている、ある女性が言うには、他人の詩を書き写す仕事をしばらくしたあと、はじめて自分に韻文を創る才能があることに気づいたのだそうである。別に意識せず何気なく模倣しただけでもこのようなことがあるからこそ、ジョゼフ・アディソンなどの作家が若い人たちに常にすすめられているのである。

自分の生活様式を堕落させるような友だちとはつきあわないようにするのと同じく、自分の文体を損なうような本は、読まないようにすることである。

心を海のように知恵でいっぱいに満たす法

書物から人生の知恵をくみ続けること、これが読書の大きな目的である。われわれは、何も知らずに生まれてくる。**歴史、すなわち他の人間や世代によって積み重ねられた経験を自分のものにするには、読書によるしか方法はない。**

いつの時代にあっても、人間の本質は変わらない。精神や物質を支配する法則は、変わるものではない。

だから、われわれは書物を利用することによって、自分の体験以外に導きの光がないまま何世紀も生きることによって得られるのと同じだけの知識を、短い人生の間に得ることができ、同様に、正しくものごとを判断できるのである。

本で読めば2時間程度で知り得るような知識を求めて、大西洋を横断しなければならないとしたら、無限の歳月がかかるだろうし、果ては無知のままで死んでしまうことになるだろう。

奇人ではあるが情熱家であったバーツリン（1585－1629。デンマークの医学者）は言う、「この世に書物が存在しなければ、神は沈黙し、正義は眠り、自然科学は行き詰まり、哲学は不完全で、文字は語らず、すべては漆黒の闇に包まれてしまうことになる」と。

本を読み、それを知識の源泉とするだけでなく、その泉から生涯を通じて知識をくみ出さなければならない。今日読んで得た知識は、すぐに消えたり、使い果たされたり、忘れられたりすることだろう。

だから常に、新しい知識の流れを導き、満たし続けなければならない。常に海へ注ぎ込んでいる川がすべて断ち切られたら、海の水でさえ干上がってしまうだろう。

精神をいっぱいに満たすほど読書をしている人の、なんと少ないことだろうか。

「富をつくるのは勤勉な人の手」なのである。

頭の働きを刺激し活発化する喜びに優るものはない

良書を精読すれば、必ず何らかの刺激を受けるものだ。効果的な読書の仕方を知っていれば、ちょうど電流が動物の組織をけいれんさせるように、必ず自分の思考にそれを応用することができる。

本を読んで、すぐれた人物の精神の働きにふれても、興奮も感動もせず、自分にも何かできる、何かをやろう、という気にもならない人は、自分の身のまわりにいかなる人生の喜びが存在しているかということにまだ気づいていないのだ。そんな人は、学問をする喜びをこれから知る必要がある。

最後にもう一度繰り返しておきたい。

読もうと思った本は精読しなさい。読んだ本の内容はしっかりと自分のものにすること。そうすれば、やがて知性豊かな人間になれるし、価値ある知識を絶えず増やし続けていくことができる。

第4章

こうすれば
自分の「持ち時間」が
最大限に生きてくる！

時間に強欲になることは一番の美徳

時間の有効利用についてはぜひとも述べておきたいのだが、これほど述べるのが難しいものはない。

美しい言葉で時の短さや時の経つ速さを述べることはやさしいが、そのより有効的な利用法について具体的なルールをあげるとなると、これは時が飛び去っていくほど簡単なことではない。だが、それでも時間を最大限に活用しようとする気質や決断力を授けることに比べればずっとやさしいことだ。

けちんぼうが得てして金持ちになるのは、収入が多いからではなく、必死に貯め、用心に用心を重ねて使うからである。以下に述べるのは、小さい頃に時間について教えられる教訓だが、その本当の意味は晩年になるまで悟れないのがふつうである。

「われわれが自由に使ってよいことになっている天からの授かり物の中で、時間ほど貴重なものはないのに、一方で無頓着に浪費されているものもない。考えるとまことに不思議なことである。実際、他のものだったらことごとくけちる人でさえ、最も大切な収入である時間だけは極端に無駄づかいしてしまう。セネカはいみじくも言っている。**『時間に強欲になることは美徳である』**と。うまく使えば、驚くほど多くの時間を得することができるのである」

誰であれ、その必要性を痛感しなければ、時間を有効に使おうとはしないものである。いくら多く見積もっても、一生の間にわれわれに与えられている時間というのはたかが知れている。その短い時間の中でできる限り多くを学び、多くの成果をあげなければならないということを忘れないでほしい。

寝るまでに何をどれだけやり遂げたいのか――これを、一日のはじめに確認したら、計画と実行の間に少しも無駄な時間が生じないように即座に実行に移すことである。一日が終わったら、公正かつ徹底的にその日を反省し、できなかったことを確認しておきなさい。

インドの裸行者の弟子教育法を伝えるほほえましい話には、おおいに学ぶところがある。それは2世紀のプラトン学派の哲学者アプレイウスの伝える話である。

「正餐の準備ができると食べ物が給仕される前に、教師たちが一人ひとりの学生に、太陽が昇ってからどのように〝時間〟を活用したかたずねるのである。

何人かは、二人の人間の仲裁役になって意見のくい違いを正し、仲直りをさせました、と答える。ある者は、親の用事をいたしましたと答え、またある者は、自分の力で、あるいは仲間に教わりながら、新しいことを発見しましたと答える。

しかし、もし彼らの中に午前中の時間を有効に過ごさなかった者がいたりすれば、その者は即刻仲間からはずされ、他の者が食事をしている間、勉強をすることになるのだった」

充分すぎる睡眠は頭と体の機能を低下させる

一日24時間のうち、8時間から10時間も睡眠をとらないと体がついていかなくなるような習慣を身につけるのは、至極簡単なことである。

ふつう医者は、健康を保つには6時間の睡眠をとれば充分だと言う。確かに、枕に頭をのせると同時に眠れるなら、床についている時間は6時間で充分だろう。

そこで、たとえば睡眠時間を7時間なら7時間と決めてそれをきちんと守るとしたらどうだろうか。今よりずっと時間に余裕ができるのではないだろうか。

現在とっている睡眠時間のうち7時間を超える部分を勉強にあてたら、もっとずっと勉強がはかどるのではないだろうか。

過度の睡眠は、時間の浪費になるだけではない。体全体の機能も余分な睡眠で低下するし、9時間も10時間も寝たあとでは、食べすぎたときと同じように厳しい勉強はできない。

そこで、睡眠時間を2時間減らすようおすすめする。減らした2時間分だけ頭脳をより活発に働かせれば、その2時間はより有意義に使われたことになる。間違いなく得をしたことになる。

夕食後すぐに床につくことについては、くどくど言うまでもないだろう。物憂い倦怠感、無気力、脱力感、ひどい頭痛、おまけに主人の命令通りに働こうとしない胃袋をお望みなら、腹いっぱい食べて即刻寝たらいいだろう。夕食のたびに、そういう状態が繰り返されることになるだろう。しかし、そんなことを続けていれば、間違いなくあなたの将来はなくなってしまう。

魂のサビともいうべき「ものぐさ病」について

親と子供が違うように、怠惰はものぐさや遊び癖とは違う。**怠惰というのは、今や**

るべきことをあとへ延ばそうとする無気力な性向を少しも直そうとしないことだ。信念としっかりした責任感を持って行動しない限り、怠惰は朝に夕にあなたにつきまとうものだ。

怠惰に抵抗し、打ち勝つには、勉学を楽しみとするよりは、むしろ義務づけてしまうしかない。楽しく感じられるときがあっても、常に義務と心得なければならない。

高名なクエーカー教徒の医者フォザジル博士（1732—1813。英国の医者、著述家）いわく、「私は必死になって自分の仕事を果たそうと努めます。それは自分の利益のためというより、私の義務だからです。義務を果たさずして利益はあり得ません。しかし、利益は常に最後に考えるようにしています」。

ものぐさはいみじくも魂のサビだとよく言われる。この癖はすぐ身につく。というよりむしろ、**われわれが生まれつき持っている性質の怠惰な一部分**なのである。放っておくとこのサビは、みるみる広がってしまい、魂をぼろぼろにしてしまう。

ある特定のことだけに専念できるまとまった時間が与えられない限り、立派なことなどできないような気がするのは、われわれの大きな誤りのようである。

「何日も何週間も毎日机に向かって、あの問題を検討し、執筆する時間さえあれば、何がしかの成果をあげられるのに……」

しかし、現実には夜遅くまで起きていたり、早起きをして断片的な時間を何とか集めるしかないわけだが、そういうこまぎれの時間で、あなたは何ができるだろうか。そういう時間を、うまく利用することができるだろうか。

いや、あなたはできないのだ。まとまった暇な時間ができるまで待っているに違いない。現在の環境が大きく変わるのを待っているに違いない。だが、それは大きな心得違いというものだ。

ジャンリース夫人はフランス王妃のお相手役を務めていた頃、いつもきっちり15分前に夕食のテーブルについて王妃が来るのを待たなければならなかったそうだ。

そして、夕食のたびのこの15分間を活用して、夫人は結局1、2冊の本を書きあげたのである。

何か新しい有意義なことを成し遂げるのに、ふだんの生活を大きく、あるいは目立って変える必要はない。ただ現在、無駄にしている時間を残らず活用しさえすればよいのである。そうすれば、たやすく成果があがるのである。

どんな人でも自分の務めを果たすのに忙しい間は、空き時間などほとんどない。あれば、当面の仕事を離れて休息に使う。

しかし、**そうした空き時間にも、何かやることが一番効果的な頭の休め方**なのである。手まわしオルガンは、鍵《キー》を変え、違う旋律にしても、ハンドルを回さなければやがて音はやんでしまう。しかし、頭脳は手まわしオルガンとは違うのだ。

博学で知られるデジテリウス・エラスムス（1466―1536。オランダの人文主義者）は、パトロンになってやるとの約束を信じて（それらの約束は結局彼をだますために差し出されたようなものだったが）、人生の半分以上を国から国へと旅した。

この哀れな学者は貧乏で、身分の高い人に頭を下げて回らなければならなかったが、それでもそうした苦労のあいまに常に時間を見出し、それを怠りなく生かして、ふつうの人はそんな状況では読むだけでもたいへんだと思われるほど多くのすぐれた書物を書き続けたのである。

当面の目標と直接関係があることにエネルギーを絞り込む

第2章ですでに述べたことから学ぶことの意味がおわかりいただけたと思うし、気持ちよく学ぶためのいくつかの習慣を身につけていただけたことと思う。

役に立たないようなことや自分の目標とは直接関係ないことから学び始める人が多いが、そうした勉強は役に立たず、まずいやり方である。そうした勉強をみごとやり通したところで、いったい何の役に立つのか。

音楽や絵画やデザインなどは、それ自体は必要でもあり望ましいものでもある。しかし、なんと多くの者がそれらに時間を浪費し、しっかりとした知識を身につける機会を放棄していることか。それればかりか、一生つきまとう誤った習慣さえ身につけてしまっている。

頭が疲れているときに勉強するのは、時間の無駄である。

こう言うと、頭脳の鍛練のし始めに決まって経験するあの不安感やイライラと、本当の疲れを混同してしまうおそれがある。

しかし、肉体と同じく、頭脳も確かに疲労するのである。疲れているときには、馬にさえ拍車をかけてはならないのだ。

頭脳を休め、活力を早く取り戻すには、他の勉強にとりかかることである。

スケジュールの立て方は〝箱に物を詰め込む要領〟で

予定に追いまくられていたのでは、落ち着いて自由にものを考えることはできない。ぎりぎりになるまでとりかからないのでは、自分自身をコントロールしているとはいえない。

午後になってからその日一日分の仕事をする人がいるが、午後まで仕事を引き延ばせば、午前中は気持ちがすっきりしないし、午後は猛烈に仕事をしなければならず、夜はそのためにぐったりしてしまうことだろう。たとえどんなにすぐれた能力のある人でも、慌ててやれば立派な仕事はできないものである。

たとえば今日、私は30分ばかり馬で遠乗りするとする。晩の食事がすんでからでも、この遠乗りができないことはない。しかし、それは賢明な計画とはいえないし、私にとっても馬にとっても残酷である。

午前中を無駄にぶらぶら過ごしてはならない。夜になったら、午前中の怠けた分を埋め合わせしなければならなくなるのだから。**先へ延ばさず、きちんと計画をこなしていくことが、まず何よりも大切なことである。**

「それはちょうど、**箱に物を詰め込むのと同じ**である。上手い人は、下手な人の半分以上もよけいに詰め込めるものだ。心にゆとりが生まれるのも、ものごとをきちんときちんと片づけていくことのもう一つの利点だ。几帳面にものごとを処理しない人は、いつもせかせかしている。あなたと口をきくひまもない。よそへ行く途中だからだ。そこへ着けば着いたで仕事に間に合わなかったり、仕事を片づける前にまたすぐによそへ飛び出していかねばならない。

几帳面さは人格に重みを与える。『あの人は約束したら必ず守りますよ』、こうした信頼感がますますその人を几帳面にする。なぜなら他の美徳と同様、几帳面さが几帳面さを生むからだ。確かに約束は負担になる。約束した以上は厳守しなければならないからだ。たとえ自分の時間は割いても、相手の時間を無駄にするわけにはいかないからだ」

「器用貧乏」が結局なにも手にできない、これだけの理由

手をつけてはおしまいまで完全にやり遂げないような習慣を小さい時に身につけてしまうと、その害は一生を通じてますますひどくなる。

天才との評判が高かった人物が書いた原稿を友人から手渡されたことがある。「出版する値打ちがあるだろうか」と友人は私にたずねた。正直に言って、答えは「ノー」だった。

何一つ完成されたものがなかったからだ。

書きかけの詩があるかと思えば、ほとんど仕上がったソネットがあったり、3分の2程度終わった日食のみごとな計算があったり、作曲の書き出しがあるかと思えば、半分書き終わった書簡があったりで、確かに彼の能力あるいは天才的才能さえも充分にうかがわれるものだった。しかし、こんな中途半端にしかものごとをやらない習慣を持っていたのでは、傑出した人物になることはできないであろう。

道徳心や信念を犠牲にしなければならないのなら話は別だが、そうでない限りは断じて、**ものごとを中途半端で終わらせないこと**である。これはいつでも常に守るべき鉄則である。途中で投げてしまう人間は、せっかくの労力を水の泡にするばかりか、それが悪い癖となってしまう。

知りたいことや明らかにしたいことに自分の全時間を捧げることが、必ずしも大切なのではない。**毎日少しずつやることが大切**なのである。最初のうちどんなにむずかしそうに見えることでも、そのうちに必ずやり遂げられるものである。

時間を適切に配分し、有効に利用するには、決めたことを規則正しく実行しなければならない。一度もそうした努力をしたことのない人間は、日々の仕事がいかに種類が多くつらいものであっても、毎日きちんと決まった時間にそれらに向かうことによって必ず得られる、心の落ち着きや喜びを知ることができない。規則正しさを破ることも息抜きになり、刺激になるかもしれないが、できるだけきちんと規則正しくやるべきである。

歯車の歯がすべて完全にかみ合っていれば、絶えず一定に回転する歯車は大きな力を発揮する。しかし、うまくかみ合わない箇所があちこちにあれば、機械全体が狂ってしまい、最後にはばらばらにこわれてしまう。だから、計画を整然と規則正しく実行しようとしても、一つ狂いが生じ始めると、計画通りに実行するのが難しくなる。要は、そこで投げ出して狂うにまかせるか、あるいは断固として全力をあげてそれ以上狂いが大きくならないようにし、もと通りの計画をつらぬくかが問題なのだ。

こんな意味のないところに時間をかけていないか?

時間を大切にしたかったら、**低俗でつまらないことはしないように注意すべき**である。自分に少しでも恥じるようなことは、今もこの先もいっさいやらないことだ。

身だしなみを整えることに相当の時間を浪費している人が大勢いる。ひげを剃ったり着替えをするのに、1、2時間もかけるのだ。

こうした人たちは、一生の間に何を成し遂げられるだろう。あごはすべすべして、身だしなみはきちんとしている。だが、大切なことも立派なこともやれはしない。服装や身だしなみがきちんとしていることは感心なことではあるが、重い荷物をのせて山を越えるのに、ピカピカに磨きあげられたマホガニー製の荷車では駄目なのだ。

運動については第6章で述べるが、それにしても、活力を与え気分を爽快にするためでなく、自分のほとんどの時間をスポーツに費やしておいて、それを気晴らしと称している人のなんと多いことか。

夕食にはソースがつきものだが、それだけで生き延びようとすればたちまちやせ衰えるだろう。テキラー（1613―67。英国の聖職者と推測される）はそういった娯楽を称して、着心地の悪い、しかも似合わない「ふさ飾りだらけの衣服」と呼んでいる。

大好きな気晴らしには要注意である。**なぜなら人は、自分の大好きなものには惜し**

気もなく時間を割いてしまうものだからである。

若い時に無思慮にも独善にはしり、人生をめちゃめちゃにするような過ちを犯し、深く後悔しなければならなくなる人がいる。

ところが、**時間を浪費するという過ちは、若い時、いや実際には生涯を通して、とりわけ犯しやすい過ちである。**まるまる一晩が雑談や酒を飲むことに費やされる。一晩ぐらいなら短い時間のように思える。**しかし人生を終え、永遠へ旅立つときに、それらの積もり積もった時間がなんともったいなく思えることか。悔い改めるに遅すぎることはないにしても、失ったものはもう取り戻せないのだ。**

時間ほど、若者が無駄づかいしているものはない。例外はあるだろうが、もし若者たちが他のものもそんなふうに無駄づかいしたら、世間の人々はあきれてしまうだろう。

われわれは公私ともに義務を怠り、時間がないから仕方がないじゃないかと、自分に言い聞かせてしまいがちだ。しかし、無駄にされた時間のほうは、「嘘だ」と大声で叫んでいる。

情けないことに、実に多くの人がこの貴重な贈り物を無駄にし、死ぬ間際になってから、言葉ではとても言い尽くせないような激しい後悔と自己嫌悪で苦しんでいるのである。

栄耀栄華《えいようえいが》をきわめたある女王は、死ぬ間際に「わずかの時間と引き換えに何百万のお金を与えてもよい」と叫んだと言われている。そうしたわずかの時間を、彼女はいったいどれだけ無駄にしたことか。痛切なこの叫びもすでに遅すぎたのである。

第5章

一目置かれる人の「話し方・交際術」

どこへ行っても〝歓待される人〟の共通点

会話の才能を磨くことほど、われわれがなおざりにしているものはない。しかし、これほど楽しさを増してくれる有益なものは他にない。会話の仕方を明確に心得ている人は、おおいに活用できる道具を持っているわけであり、それがあればどんなグループに入っても歓迎されるのである。

初対面の人でもよく注意していれば、すぐに面白い人だとわかる。たとえば、乗り合い馬車に乗っているとしよう。相手の話に耳を傾けているうちに時を忘れ、あっという間に目的地へ着いてしまう。どうして、その人はそんなに面白いのか。それは、その人の話術のせいである。

会話によって考えを伝え合うことがどんなにすばらしいことか、今さら述べるまでもあるまい。それは、いかなる境遇にある人も楽しく暮らせるようにと、神が考案してくださった手段なのだ。教えたり教えられたりする、最もすぐれた手段である。それは神のすべての御業《みわざ》と同じく、簡単なものだ。

人と人との会話のやりとりは、考えを伝達するための万人に共通の手段であり、これ以上すばらしいものはない。

さて、どうやってこの手段を最高に磨きあげ、活用したらいいのか、そこが知りたいところだ。これを知ることは誰もが大切だと思っている。

「生きた教養」とはこのことをいう

忠告したいとか自分を強く印象づけたいと思う友人がいる場合、一番よい方法は直接会って話すことだ。

まず**彼の立場や望むこと、いやがることをよく考え合わせる。何に心を惹かれているか、どんな弁明だったら納得してもらえるか、自分なりに何をやろうとしているの**

かを考える。それから相手に印象を与えるような話題について考える。

そうして、その友人のところへ行き、**声や口調に注意しながら自分は彼の友だちだと確信させるように努める。**あらかじめ考えておいた通りに、選び抜いたやさしい言葉で自分の気づかいを述べ、自分の心を打ち明けるのだ。

会話による説得に全力を使いきったとき、あなたは自分の持てる最善の手段を存分に使いきったのである。それでも相手の心や良心に通じなければ、断念するしかない。

あなたがある特定の問題について情報を得たいとする。そして、それについてことごとく書き尽くした本と、それを完全に理解している友人がいるとする。その場合、本よりもむしろ友人のところへ出掛けていって話を聞こうと思うのはなぜだろうか。

それは、情報を得るのに最も興味深く、手っとり早い手段は、書物ではないとわかっているからである。

友人のところへ行けば、その特定の問題だけについて情報を求められるし、自分の反論も述べられる。自分の知っていることと友人の言うことを比較でき、友人の知識をことごとく自分のものにすることができるのである。それから改めて、その問題を理解するために勉強するのだ。誤解していたところを正すだけではなく、それを完全にものにして自分の教養の一部にするのだ。

自分の生活している集団、あるいは自分がその中でより進歩できるかもしれない集団の人々の心をしっかりととらえるのに、会話以上の手段はまずない。

会話では、誰もが相手からできるだけ多くを引き出し、それを自分のものにしてもよいのである。そして、今まで一度も書物に書かれたこともなければ将来も書かれることのない莫大な量のアイデアや情報が、教養ある大勢の人々の集まりの中にはあふれているのだ。

絶えず友人と率直に心から接していれば、その人の感情は柔和な洗練されたものになっていくものだ。すなわち、よい友人を持っている人は、その人自身も洗練された礼儀正しい人物であり、その人の使う言葉は、成熟した考えや感情をあらわしているように思われるのである。

よい本・よい友人にめぐり会えるような努力をしているか

われわれは着ている服がもつ雰囲気に、感情そのものも無意識に合わせてしまうものだ。都会の人間やそれと似たような環境にいる人間が、おちいりがちな危険が二つある。

一つは、**自分の本当の感情に反して、やさしく洗練された言葉を使う習慣が身についているので、他人を欺《あざむ》き、自分自身をも欺いてしまうということ**だ。偽善は、実行しているうちにいつの間にか借りものではなく自分の本性のようになってしまう。いずれにしても礼儀作法のことばかりに心をくだいていると、肝心の心がこもらなくなる。

もう一つの危険は、**会話だけによって集められた情報は、正しいとはいえないかもしれないということ**だ。なのに、権威のある人が語ったというだけで、その情報がありがたがられることがある。そうした情報は、信頼できないものだ。

本だけが事実をありのままに伝えるものであるが、その本ですら、時には事実を捏《ねっ》造《ぞう》したり、歴史を勝手にでっちあげることがある。

知識の吸収を会話や社交だけに頼っている人間は、たいへん頭の回転の速い人間ではあろうが、ずさんな頭の持ち主であるとも言える。そういう人は他人を楽しませたり、相手の興味を惹きつけたり、新しいものの見方を教えたりすることはできても、その判断の公正さとなるとあてにならないのである。

会話というのは一種の取引だから、**一人ひとりが自分の持ち前を提供しなければならない。**もし自分に充分な持ち前がなければ、取引の厳粛な法則を犯すことになる。自分に役立ちそうな情報や精神的な糧を他の人から得たいと思うなら、相手もあなたから利益を得られるように、まず自分の才能や力を磨かねばならない。さもなければ、あなたは公平な取引をしているとはいえない。

私のいわんとするところを、もっと具体的に述べよう。よい忠告は常に、具体的であればあるほど、よりためになるものだから。

つまらぬ雑談で自分や相手の時間を無駄にしないこと

つまらぬ馬鹿げた会話を聞かされると、教養のある人はたまらないぐらいうんざりしてしまい、あいそをつかしてしまう。

ついにはその仲間から遠ざかり、社交のよさを味わおうともしなくなる。つまらない議論を聞くために、自分の大切な時間を何時間もみすみす浪費してなどいられないのだ。そんな議論に首をつっこむ趣味は持ち合わせておらず、いとまごいをするまで黙って座っている。

つまらないことを聞かされるとすぐイライラしてくる気難しさや、何事も精巧な凝ったものでないと我慢できないという趣味はあまり誉められたものでないが、一方、それと同時に、社交界でくだらない話に花を咲かせている人たちにぜひご一考願いたいのは、**つまらない会話のために知的な人たちは社交界へ足を向けなくなってしまっている**、ということである。

しかし、知的な人たちもそこで逃げ出してはいけないのである。形勢を変えるぐらいの勇気を持たなければならない。他の連中が馬鹿なことをしゃべっているからといって、なにも黙って座っていることはない。

どんな集まりの中にも、一人ぐらいはためになることを話したがっている、またそれができる人間がいるものである。

そんな人間を探し出して質問をし、必要な情報を得ようと真剣に努力するのだ。このようにすれば、誰だって何かを学べるはずである。ためになる会話をする人間が少なくとも二人いなかったら、それはあなたの責任でもある。だから、退屈でつまらない会話しかできなかったなどと不平を言うべきではない。

すぐれた頭脳や才能の持ち主も、人の集まりでは馬鹿げた話に加わるしかないというのは残念なことである。

本来ならそうした頭脳や才能の持ち主は、会話を正しい方向へ導き、その場にいる人を話に引き込んで感銘を与えるべきなのだ。常に意識して役に立とうとする態度がなければならない。こうした態度の欠如は、大きな欠陥である。

厳しい勉強や難しい思想に取り組んでいる人が、特におちいりやすい危険がある。それは、**人の集まりに出ると、今までやっていた勉強のことや考え事などすっかり忘れて、快活になるだけではなく、時としてすっかりわれを忘れて興奮してしまうこと**だ。自分の知識や才能で集まっている仲間を教え導き、啓蒙しなければならないのに、そういうことはついついすっかり忘れたくなってしまうのだ。そうした機会を上手に利用しなければ、自分の人格が誤って判断されてしまうということも忘れてしまう。

なにも私は、自分の人格、才能、学識を目立たせるために会話を独占せよと言っているわけではない。

とんでもない。ただ、最後まで相も変わらぬことをペチャペチャしゃべり続けて、自分の時間や親切に耳を傾けてくれる人の時間を無駄にするなということを言いたいのだ。そうしなければ、いつまで経っても人間は賢くもならなければ進歩もしない。

威張っていると思われるようなことを、してはいけない。しかし、人の輪で重宝がられたり好かれたりするには、口数が少ないのが一番だと思い込んでいる人は、人間の本質をかなり誤解している。

確かに見ていて気持ちよく、好ましいかもしれないが、そんな人を毎回ごちそうに招待してよかったと思う人はいまい。

集いを去るときは、来たときよりもいちだんと賢くなっているか、あるいは他の人を賢くしていなければおかしいのだ。

「中傷」は必ず自分のもとへ返ってくる

たとえその集まりが多人数の集まりであれ、少人数の集まりであれ、**そこにいない人の悪口を言えば、間違いなく相手の耳に全部とどく**ものである。そして、間違ったことをすれば、仕返しを受けるものである。

自分の友人をもてなしたテーブルに聖アウグスティヌスが刻んだといわれている警

句は、さすがだと思う。

友人の陰口をきく者は何人も
同じ陰口をきかれることになる

中傷し合ったり、あるいは少なくとも相手を利することになりそうな場合には、割り引いたことしか言わないのは、どうやら人間の普遍的性癖のようである。**他人の悪口を言う人間は、他でもない自分自身を一番欺いている**のだ。自分では、名誉という椅子からそれにふさわしくない人間を追い払うという慈善を行なっているつもりなのだ。

ディオドロス・シクルス（紀元前1世紀頃。ギリシアの歴史家）の本で、ある非常に活動的な小動物について読んだことを思い出す。

確かシクルスはその動物をイクヌーモンと呼んでいたと思うが、この動物はいつもワニの卵を探し求めてはそれを割ることに忙しい。この本能のさらに変わっている点は、割った卵をけっして食べず、何の目的もなくただ割るだけという点である。

シクルスが言うには、もしもこの勤勉な動物がひっきりなしにワニの卵を割らなかったら、エジプトはワニでいっぱいになっていただろう、ということである。というのは、エジプト人はワニを神のようにあがめており、自分たちの手ではけっして殺さなかったからである。

悪口を言う人間は、この小さな動物のように公平無私で、人類のために恩恵を施しているのだと自画自讃しているのではあるまいか。**そうやって自分はごまかせても、他人はごまかされはしない。**

悪口を言う人間を他人はどう見ているか

ずばぬけた才能や技芸を持った人間を、ことごとく殺そうとする民族がいると聞いたことがある。それは、いかにすぐれた才能の持ち主であれ、高い地位の人間であれ、その人間を殺してしまえば、その才能や技芸は殺した人間のものになると信じているからだそうだ。世間の人々は、悪口を言う人間もこれとまったく同じ理由で悪口を言うのだということを知っている。

もしもこの説が正しいとすれば、陰口をきく人間にもそれなりの言い分はあるわけだ。つまり**他人のすぐれた資質を自分のものにしたいから陰口をきくのだ**、というわけである。

陰口は言われた本人の耳にとどくばかりでなく、居合わせた人に偏見を抱かせることにもなる。われわれは、人の悪口となると目の色を変えて聞くものである。だから、たとえ10箇所、誉めたところでそれらは忘れられ、二、三の悪口のほうが人の記憶に残ることになる。

それだけではすまない。**人を悪く言えば良心が痛む。良心は必ずはっきりととがめる、おまえは間違ったことをしたのだ、おまえも同じように人から悪口を言われるようになる、**と。

友だちのちょっとした欠点や弱点をあざける人間は、遠からずすべての人を敵にまわすことになる。他人が目の前であざ笑われていると、そのときは一緒になってあざ笑っても、冷静に考えてみれば自分も同じような目にあわないとは限らない、と思いあたる。しかし、そうした危険を察知できなくとも、人間としての尊敬があれば、あざ笑われている人の人間としての優秀性を主張せずにはいられなくなる。

注意していないと、いかに多くの陰口がたたかれているか気づかないものである。

〝心にもないこと〟を言うことは自分自身を駄目にする

友人や知り合いにおべんちゃらを言う習慣は、自分自身の人格を害してしまう。それは、他人より自分自身を駄目にしてしまう。

始終お世辞を言う人間は、お世辞を言えば相手からもそれ以上のお世辞が返ってくるだろうと期待しているのだ。お世辞を言うことと、友人が本当に立派に努力していけるよう個人的に激励してやることとは大違いだ。

お世辞は、人前で言われるのがふつうである。おそらく証人が必要なのだろう。人前で誉められれば、その友人は否応なしにお返しせざるを得なくなるからである。しかし、本当に分別に富んだ激励というのは、ひっそりとなされるのが常である。

お世辞を言われれば、相手にもお世辞でお返ししなければならなくなる。事実、人はそうするものだ。それ以外にその恩に報いる方法がないことをよく知っているからだ。つまり、それ以外に相手を満足させる方法がないのである。こうして人は、うまく他人を利用して、自分のささやかな長所を針小棒大に誉めそやさせるのである。

したがって、**お世辞を言われていい気になってはいけないのは、わかりきったことである。ましてそれを期待するのはもってのほかである。お世辞を期待していると、必ずその下心が見えすいてくるものである。**

われわれがいかに称讃されることに貪欲であるか——それはあきれるほどである。たとえそれが嘘で塗り固められているとわかりきっていても、称讃を求める。これには、私もよく唖然としたものである。

〝知性のごちそう〟で人をもてなすコツ

人によっては、ごく限られた領域だけにしか関心がないということがある。考え方が非常にせまく、そういった人々と話をしても、あらかじめ話の行き着く先がわかってしまう。同じ話を繰り返し聞かされるはめになるのだ。自分の大好きな話題があると、どうしても無意識にそうなってしまう。

そんな人の話を聞くことほど、うんざりするものはない。同じ話の連続、同じ称讃の繰り返し、同じ冗談の連発なのだ。

なかには、人をことさら愉快にするような話題にばかりふれ、その人が喜びそうなことを言ってはごまをする人間がいる。

ちょうどこれは、夕食に何人かを招待し、その人だけが好きで他の連中が大嫌いな、あやしげなごちそうを皿に山盛りにするようなものだ。

これは侮辱されるよりもひどい。

ある男は、自分の知り合いは旧約聖書に出てくる人物のことをことさら話題にしたがると思ったので、いつもそれを話題にのせようとした。あるとき、彼は「サムソンほどの力持ちはいまだかつて一人もいないし、これからもいないだろうね」と言った。

すると相手は言った。

「そんなことはない。君のほうがサムソンより強いさ」

「まさか」

「だって、君はまたサムソンをむりやり力ずくで話題に引きずり出してきたじゃないか」


会話は、いわば知性のごちそうである。 すみっこの小さなテーブルで一人で食べるのではなく、みんなで楽しく味わいたいものだ。

だから、**自分が愉快でないものは他の人も愉快なはずがないということを忘れてはならない。** ありきたりで、うんざりするような話題は、努めて避けなければならない。

〝自画自賛〟は聞いている人の心を逆撫《さかな》でする

自分自身のことは、できるだけ話題にしないことである。 誰もがそうしたがる危険があるのだが、年をとるといっそうその危険が増す。

エイブラハム・カウリー（1818—67。英国の詩人、随筆家）は言っている。

「自分のことを話すのはなかなか難しく、やっかいである。不面目なことを言うのは自分の心が逆撫《さかな》でされるようだし、自画自讃は聞いている人の心を逆撫ですることにもなるからだ」

どんなことであれ、人に援助を請わなければならない立場にある場合には、特に注意して自分のことを話す必要がある。物乞いが本当に困窮しており、それがはっきりわかる場合は援助してもらえるが、必要以上に憐れみを請う態度を見せつけられれば、せっかく手を差し伸べようと思っていた人でさえ、うんざりして背を向けてしまう。

自分のことや自分の友だちのことや自分の業績のことは、できるだけ口にしないことである。さもなければ、**誉めてほしいのか憐れんでほしいのか、そのいずれかを期待しているのだと人は解釈する。**

あるすぐれた文筆家は、世の中に大きく貢献しない限り自分については語らないようにすべきだ、と提案している。

確かに、そうでない場合もあることはある。ただしそれは、自分の意見を述べれば必ず何らかのかたちで話題に貢献することになる場合である。

いかにも〝とってつけたような〟言葉を使っていないか

うっかりしていると、使い古された冗談を新しい冗談であるかのように言ったり、はるか昔に誰かが言った文句を自分が初めて考え出したことのように言ってしまう場合がある。どこでそのしゃれた名文句を耳にしたのか、読んだのか、それは記憶になく、名文句だけが頭に残っているのである。

日常会話ではむしろ、さりげなく話すほうがよい。頭が切れる振りをしたり人を笑わそうと無理をしても、どうせ長続きはしないのだから。

背伸びした会話をしようとすれば、そのための話題をどうしてもよそから借りてこなければならなくなる。**借りものの話題ばかりで話していると、そのうちにそれが借りものだということをすっかり忘れてしまい、平気で口にするようになる。**

ユーモアや機知を発揮したいという誘惑に駆られているのなら、充分気をつけないと失敗しやすい。

機知やしゃれた文句を考え出す能力は、ある程度培うことができるものだ。そして、とっさの機転が利いたひと言に、一座の者全員が突然笑いのうずに巻き込まれてしまった体験は誰にでもあるだろう。しかし、もしそれがあらかじめこっそり計算されたものだとわかってしまうようなものだったら、座はしらけてしまったはずだ。

しゃれた文句には、多かれ少なかれ、この手のことがいえるに違いない。すぐれた才知に富んだ言い回しには、あたかもその場で思いついたかのように思わせるものがあるのである。

言葉使いが巧みな人は、ここに一番こだわっている！

機知を利かそうとばかりしていると、二つの危険が生じる。

一つは、**あまり武器を鋭くすると必ず誰かを傷つけることになる**ということだ。いくらそうならないようにしても、最高の冗談や鋭い警句は、必ず他人を傷つける。敵をつくり、恨《うら》みを買うことになる。機知を利かそうとする者は必ずといっていいほど敵をつくることになるのだ。「友だちよりも冗談をとる」人間は、間違いなく友情からくるおせっかいに悩まされることはなくなるだろう。

誰もが自分に一風変わった癖や弱みがあることを自覚している。しかし、それは自分という人間の一部分なのである。だから、それらをやりだまにあげて傷つけるような人間を好きになることはできないし、好きになるつもりもない。そうした弱点は、誰もが持っている。

人によっては、「貧乏な親戚」を恥ずかしく思う者がいるが、同じように自分の弱点を恥ずかしくは思っても、からかわれるのは好まないものである。

自分の優秀性を意識するあまり他人をあざけるような人間には、誰しも反発を感ずる。そういう人間は笑いを巻き起こし、人々にちやほやされるだろうが、ちやほやしてくれる人間は笑いものにされない、という暗黙の了解があるからちやほやするのだ。

機知を利かそうとする場合の第二の危険は、**自分の頭脳の働きを不健全なものにしてしまう**ということだ。

機知を利かそうとすれば、どうしても風変わりな片寄った連想をするようになる。ふつうの人が思いつかないような考え方をするようになる。見るものすべてが今までとは変わったふうに見えてきて、そのうち風変わりな連想から抜け出せなくなるのだ。結果として、頭脳は知識を得たり交換したりする、まともな釣り合いのとれた機能を果たさなくなってしまう。そして、せいぜい二流どころの人間になるのがおちで、変わった連想をする以外、何の取り得もない人間になってしまうだろう。

「メイソン11の法則」——人間関係を好転させるルール

ねたみを買うような話は避けること。それには素直な気持ちが大切である。**人と話をするときは、明るく振る舞うこと。**それが習慣になれば、いつも人に気持ちよく迎えられる。

人はそれぞれ多くの欠点や憂鬱な問題をたくさん抱えているから、ほがらかな友だちと接するとほっとするものである。

どんなに気難しい人間でも、あるいはひねくれた人間でも、子供たちの楽しげな片言や歓声が聞こえれば、足を止め、ほっと心がなごむものである。陽気な声でほがらかに話すようにすれば、自分自身もまわりの人々も気持ちがいい。

繊細な心の持ち主だったクーパーの夕方のよき話し相手は、彼が飼っていたウサギたちだった。彼は、ウサギが陽気にはね回るのを見て、自分の悲しみをしばし忘れたものだと述べている。
次にあげたのは、賢明なメイソンがわれわれに与えた会話に関する規則の要約である。

(1) 本と同じく、利益を得られる仲間を選ぶこと。自分を向上させ、楽しませてくれるものは、最良の本と最良の仲間である。仲間が少しもためにならず楽しくもない人たちばかりだったら、自分が仲間たちのためになるべく努力すればいい。利益を引き出すことも与えることもできなければ、そんな仲間からはすぐ立ち去ることである。

(2) 仲間の人格を学ぶこと。自分よりすぐれていれば質問をして、熱心な聞き役にまわること。自分より劣っていれば彼らの力になってやること。

(3) 座が沈んだら、誰もが何かしら発言できるような幅広い話題を提供して、場を盛り上げること。前もって適当な話の種を仕込んでおくことも必要だろう。

(4) 新しく重要なことやためになることを聞いたら、すぐメモ帳に書き留めておくこと。そして、とっておく価値があるものはすべて残し、つまらないものは全部捨ててしまうこと。

（5）仲間の間で、いてもいなくてもいいような存在にならないこと。楽しくするように努めれば、何か受け入れられるような話題が見つかるものである。黙っているのは間違っている。思いきって発言してみれば、たとえありふれたことであっても、完全におし黙っているよりは喜ばれるはずだ。ありふれたことがかえって何かを生み出すきっかけとなることもよくあるものだ。静まりかえってしまったら、なんとしても沈黙を破ることである。みんながほっとして、あなたに感謝することになるだろう。

（6）慌てて騒がしく発言しないこと。話がどんどん進んでいっても、異なる観点からながめて自分で問題を明確に把握するまで待つこと。そうすれば自信を持って発言できる。立派なことであっても、決して同じ仲間に二度も繰り返さないこと。

（7）人それぞれが自分の欠点や過ちに対して、あなたとは違った観点を持っているということを頭に入れておくべきである。したがって、仲間の前でしょっちゅう気安く人に反論したり批判しないように注意すること。

（8）仲間が陰口をたたいたり非常識なことを言ったりしたら、口で注意できる場合は注意し、それで駄目な場合は口をつぐみ、それでも続くようだったらその場を立ち去ること。
（9）自分はその道の専門家であるかのごとく、あるいは自分だけが人よりすぐれた才能をそなえているかのごとくふるまって、仲間の注目をあびようとしないこと。
（10）馬鹿馬鹿しく思える話にも辛抱すること。まるっきりそうだとは限らないはずだし、何かしら学べることがあるかもしれない。
（11）のびのびと気楽な気分を保ち、他の人もそうさせること。そうすればもっとためになる考えが浮かぶかもしれない。

刃は冷たいほどよく切れる

もう一つ加えたいことがある。それは**仲間の間でけっして感情をむき出しにしない**

ことだ。たとえ意地悪をされたり怒らされたりしても、そこで興奮してはならない。どんなに大声で怒りを爆発させたくとも、完全に冷静を保ちなさい。

「冷たい刃ほど切れる」のだから、必ず論争に勝てるはずである。

挑発に対して冷静に立ち向かう人のほうが、必ず仲間の支持や尊敬を集める。

「すぐカッとなって喧嘩腰になるような人間は、放っておけばいい。そういう人間の喧嘩相手はすぐに見つかる。彼以上に強い者があらわれて、あなたよりもうまくやっつけてくれる。口論好きな人間は、一生決闘をし続けなければならない」

論争は通常、自分の意見を強く押し出し、勝利をめざして争われるものであり、仲間の間で行なわれるべきものではない。どちらかが傷つかなくてはすまない。議論がそこまで昂じたら、すぐにやめるべきである。

そしてこの章を終える前に、読者諸君にぜひともう一度思い出していただきたい。

考えや意見を対話によって交換し合えるということほど、人間に与えられたすばらし

い贈り物はないのだ。これは永遠の慰めでもあり、たいへん役に立つ道具でもある。

また同様に、**口はわざわいのもとともなり得る。**良くも悪くもなり得る道具である。**したがって、われわれの責任は重大である。**

言葉ににじみ出る感情は、多かれ少なかれ他の人に影響を与える。それが正しい影響なら結構だが、そうでなければとんでもないことになる。

この贈り物の使い方には重大な責任が負わされていることを、一日でも忘れてはならない。

第6章

頭・体・気力を鍛える一番の方法

未来を棒にふりたくなければ運動をせよ

薬は、必要に迫られるまで飲まないものである。**しかし、運動はわれわれにとって絶やしてはならない薬のようなものだ。**

今のあなたは、食欲も旺盛で体力もあり、健康そのものであるとしよう。気力も充実している。しかも、時間は矢のように過ぎ去る。

だったら何も、わざわざむりやり毎日運動をやる必要などないではないかということになる。それは、誰にも負けないぐらいしっかり歩ける足があるのに、重い松葉杖をついて歩くようなものだからだ。

痛風や胃の不調に苦しみやすい人には食養生をさせればよいのだが、あなたはその必要性を少しも感じてはいない。それどころか、養生しても回復しないぐらいにひどくなってしまうまで、その必要性を感じないのではないだろうか。

この点に関しては今のあなたの状態をすでに経験し、それがよくわかっている人々の証言に耳を傾けなければならない。

彼らは言うだろう。運動するとかしないとかは、あなたが勝手に決めることではない。**運動はしなければならないのだ、さもなくば未来を棒にふることになる、**と。

運動に費やす時間は〝能率〟で十二分にカバーできる

仕事や勉強をしなければならないというあせりを感じるので、あるいは何か不利な条件のもとでそれをしているので、とても運動する時間などない、とあなたは言うかもしれない。

私にいわせれば、あなたは重要な点を計算違いしている。ためしに、規則正しく活発な運動を毎日、1カ月間実行してみるとよい。そうすれば、運動をしないときと同じ量の仕事を、そして同じ量の勉強を、はるかにたやすくできるということに気づくはずだ。その差には自分でも驚くことだろう。

こうして**肉体に活気を与えるために使われた時間は、それだけ頭脳の働きがよくなり仕事や勉強が快適にはかどることによって、埋め合わせられる**のである。

肉体の機能すべてを満たし、頭脳の働きを活発にする最高の方法

私の経験から言って、**最もいい運動は、何よりも歩くこと**だと思う。バカン（1729―1805。スコットランドの医学者）も、最も推薦できる運動は歩くことだと主張している。というのは、**歩くことによって、他の軽い運動に比べて多くの筋肉を使うことになるからである。**

散歩の利点は、**手軽で道具などは一切いらないということ**である。戸外で行なわれるから、肺は新鮮な空気を吸い、目は丘や谷や木や花など、生命のあるものないものを観察できる。目にするもの耳にするものすべてが頭の働きを活発にし、意欲を湧かせる。

もう一つ散歩の利点は、**友人と一緒に歩くことができるということ**であり、**楽しい会話で心がくつろぎ、はつらつとした気分になれる**という点である。これはたいへん重要な利点であり、散歩以外からは得られないものである。同じ音を聞き、同じものを見、そのことを語り合って歩けば、散歩も楽しくなり疲れも軽減される。

だから、散歩はできるだけ誰かと一緒にするようにすべきだ。２、３週間、誰かと一緒に規則的に散歩してみれば、その効果に驚くだろう。仕事や勉強が一段落したらできるだけ長い散歩をするようにして、健康な体をつくるように心掛けることである。

こうした運動習慣に、体はすぐ慣れるものである。そして、まだ散歩の時間が来ないかと、じきに待ち遠しくなるだろう。

たとえ少しでも〝くり返し〟に優る自己鍛錬法はない

わざわざ医者のところへ行って、どうしてふだん体を使わずにいると、運動することを考えただけでも大儀になってしまうのか、などとたずねるには及ばない。

答えは明らかだ。

書物を相手に何週間も自分の部屋に閉じ込もっていれば、2、3キロ歩くと考えただけでも疲れてしまうものだ。体を動かさなければならないと思っただけで、筋肉や関節がちぢこまってしまうのだ。手足がすぐに痛みだし、それ以上無理をしてまで運動をしようという気にはならなくなる。

運動を毎日する習慣は、先へ延ばすと日ましに実行するのが難しくなる。したがって、毎日きちんと一定の時間運動しない者は、やがてまったくやらなくなってしまう。運動を楽しく、あるいは少なくとも苦痛と感じないでやるには、毎日欠かさずやるしかないのである。

雑誌はその時々に、気の向くままに手にとって読んでも面白いことがあるが、運動はそのようなわけにはいかない。運動は一種の負荷だからである。

わずかばかりの運動をやってみて、これではやらなかったほうがよかったと思う者が大勢いる。事実、わずかの運動で気分が悪くなり、やはり運動は自分に合わないのだと、分別顔をして結論を下してしまう者がいる。

そういう人間は、どうしてみんなは毎日運動ができるのだろうと不思議がるのだ。**運動が楽しくなるかならないかは、運動自体の軽さや激しさで決まるのではなく、毎日やるかやらないかで決まる**のである。

精神、そして特に肉体は、規則的に運動しないと一生涯、充分な力を発揮せずに終わってしまうことになりかねない。この点をよく考えてみれば、運動嫌いの者も運動しないではいられなくなるだろう。

こんな「毎日のルール」で、不幸は駆け足で逃げていく

運動を有益なものにするには、次の点を守らなければならない。

① 毎日規則的に実行すること。

自然の女神はわれわれに空腹感を感じさせることによって、体力の消耗に見合うだけの食物を毎日とるようにご配慮くださっている。しかし、運動しなければそれらの食物を栄養となるように適切に分解吸収することができない。**食事と同じく、規則的な運動をすること**である。いかなるもっともな口実をあげようとも、運動できないはずはない。

② 気持ちよく楽しんでできるものでなければならない。

ペダルを踏むことは規則正しく体を動かし、体力を必要とする運動だろうが、退屈きわまるもので、とても長続きするものではあるまい。それでたとえ鉄のような筋骨がつくられても、心はふさいでやりきれない気持ちになってしまう。

運動に喜びを見出すことが、まず第一の条件である。散歩はいい運動だが、ひきうすを回転させる馬のように歩くのでは駄目だ。乗馬はいい。だが、乗るのが木馬では駄目だ。運動は必ず楽しんでやることである。どの時代の作家も、楽しみは娯楽の対象物の中にあるのではなく、自分の心の中にあるものだ、といっている。**心が楽しいと感じれば、すべてのものが娯楽の対象となる**のである。

③精神をリラックスさせるものでなければならない。

哲学は不幸がおそってても動揺せず堂々としていることを教え、信仰はそれらを諦観し耐える力を与えてくれる。しかし、健全な精神と肉体の持ち主は、不幸のほうで避けていく。**われわれは精神も肉体も健全に保ち、自分の境遇を現在も将来も何の恐れもない好ましい状態にすべく努めなければならない。**しかし、精神が弦楽器の弦のように常に張り詰めていたのでは、そうはいかない。**勉強のことや心配事などぱっと忘れてすぐにリラックスできる人間だけが、本当に有意義な知識を自分のものにできる。**

エピローグ

あなたも
“自分の壁”を破れる！

自分の「生き方のルール」にもっとこだわりを持て！

人の評判を気にし、また求めてばかりいると、そこには悩みの種や失望が出現する。それらは実際、わが身にふりかかってくるまではわからないが、ひとたびそれがふりかかってくると、本当にみじめなことになる。有名になりたいという欲望にそそのかされ、そのうち熱にうかされたようになり、称讃や名声に対する欲望はますます大きくふくらんでいく。そして、その欲望が強ければ強いほど、それが得られない場合の苦悩もよけいに腹立たしく感じられる。

人に誉められて有頂天になっていると、それが消えた時には、それだけよけいに落胆もひどく、やりきれなくなるものなのである。

要するに、フットボールのように他人に運命をもてあそばれることになるのだ。

人はその気になれば他人の幸せを奪うものだし、称讃をあびせるよりは非難をあびせるほうを好むものだからである。

さらにもう1点。他人の称讃というのは、たとえそれが得られても、必ずしも幸せをもたらすものであるとは限らないし、一方、それがなくなったときには必ず、不幸をもたらすものだということである。

野望を砕かれた人間は、みじめなものである。失ったものが本当にすばらしいものだからではなく、それがすばらしいものだと長年幻想を抱いてきたから、よけいにみじめなのである。

ここに、将来を非常に嘱望されていたある人物が、栄光だけを追い求めて生きたためにたどった人生の哀れな末路がある。

この人がまず目標にしたのは、社会的な地位を築くことだった。そのために日夜、骨身を削った。彼はすべてぬかりなくやっていた。が、あと1歩で成功だというときに、彼をそのまま昇進させたら自分の身が危うくなると考えた彼の親友が邪魔にはいり、彼が昇進できないような手段を講じた。

この哀れな男はすっかり落胆し、深く傷ついてしまった。もちろん、その昇進の選定にもれたことがそれほど重要なことであるはずはなかったのだが、彼自身はそのことを恐ろしく深刻に受け止め、気に病んだのである。その影響で彼は健康を著しく害し、1年後には失意のうちに死んでしまったのである。

こんな人生が、果たして生きがいのある人生だろうか。いったいこんなことが、人生の最終的な目標といえるだろうか。

常に満ち足りて大きな〝ゆとり〟がある人生を！

「不滅の魂は何か大きなものを求めてふくらんでいかなければならない。うわべだけ光るものか、あるいは内から本当に光を発するものを——人の世の称讃か、あるいは神の称讃を——求めて」

われわれが魂を「ふくらませて」目ざさねばならないこの「何か大きなもの」とは、本当に「大きなもの」なのかもしれないし、あるいはわれわれが勝手に「大きなもの」と思い込んでいるだけにすぎないのかもしれない。
しかし、いずれにしても、何を本当に人生の目標にすべきであるかは、たいへん難しい問題であるということである。そして、キリスト教の精神や教えは、人がその能力を発揮する目標を持たずに生きよ、とはけっして言っていないということである。

快楽や富や人々の称讃に対する欲望を抱くなということは、心を冷たくわびしい状態にしておけということではない。心をほがらかに温かくするものを取り除き、温かく気高く他人を思いやることのできない心を持てと言っているのではない。

とんでもない。私が願うのは、**計画を立て目標をめざして進む間は、常に満ち足りて安らかな気持ちを保ち、自分は無為に生きているのではないのだとはっきり自覚するようであってほしい**ということだ。そうすれば、魂は崇高で本当に質の高いものへと成長し、あなたが清らかな光に照らされた運命をたどっていることがわかるのである。

（了）

訳者解説

——私の一生を決定づけたすばらしい出会い

渡部昇一

ジョン・トッド『自分を鍛える！』（*Todd's Student's Manual SELF-IMPLOVEMENT*）の翻訳を世に送るにあたって、この本を私に紹介し、かつ、本自体を私に贈ってくださった上智大学の故神藤克彦教授（教育学）の記憶から始めたいと思う。

ちょうど私が上智大学に入学した頃、東京はまだ焼野原で、今の上智大学ソフィア会館のあるあたりにはカマボコ型兵舎の寮と教員宿舎が10棟ぐらい立っていた。そこに何人かの先生方が住んでおられたのであるが、神藤先生も戦後間もなく関西から上京されてそこに住んでおられた。学生寮の生徒たちは、夕食後よく同じキャンパスの中にある神藤先生のお宅をお訪ねしたものである。先生はいつでも快くわれわれを迎えてくださった。

田舎にいたときは、私は英語の恩師である故佐藤順太先生のところにしょっちゅう出入りしていたが、東京ではそれと同じように神藤先生のお宅にお伺いしていた。神藤先生は佐藤先生と同様、いわゆる旧制中学から旧制高校、旧制大学というスムーズなコースをとらずに、独学の期間を有するコースをとって教職に就かれた方であった。

今から考えると、ひと口に先生といっても、スムーズに、いわゆる規定のコースを通った先生方の人生の悩みというものは、どこか私の持っている悩みと波長が合わないところがあったように思われる。

ところが、佐藤先生にしても神藤先生にしても、独力で学び、独力で道を切り開くというプロセスを持たれた方々であったので、私が悩むようなことをかつて悩みとされたご経験があり、そのさり気ない片言隻語《へんげんせきご》が、若い私にとって天来の指針となる思いのすることがしばしばあった。

神藤先生のお宅には多くの学生が押しかけていたから、私一人が特に親しくしていただいたとはいえないと思うけれど、やはり何か特別な共感《シンパシー》あるいは親和性《アフィニティブ》が働いていたのではないかと思う。

たとえば私が大学3年生の時（昭和27年頃）、ヒーリー教授という方が、パブリック・スピーキングのコースをお持ちになった頃のことである。この方はアメリカでは学長も務められた偉い先生とのことであった。その授業でヒーリー先生は、デール・カーネギーの『*How to Win Friends and Influence People*』（『人を動かす』創元社刊）を参考書として紹介され、この1冊さえよく読み、理解できればそれで充分であると言われた。

デール・カーネギーは、どちらかといえば通俗的な本である。戦前の大学のアカデミックな気位の名残りをとどめていた当時の大学の雰囲気においては、参考文献として出されるような種類の本ではなかったと思うが、そこは本場のアメリカ人の先生だけあって、パブリック・スピーキングはこれに限る、とわれわれにすすめてくださったのである。

私はさっそくその古本を神田で見つけて読んでみたのだが、非常に面白かった。それで神藤先生を訪ねた折に、こういう面白い本があるということを話題にした。すると、学部の学生と教授という関係を離れて、神藤先生は目を輝かせて「その本は面白そうだな」とおっしゃった。そして、しばらく経ってからまたお会いしたとき、先生は「私もあの本を買って読んだけれども、実にいい本だった」と言われた。それから先生と私の間ではデール・カーネギーとその人生観、またアメリカのこうした本のよさなどを称《たた》えるような会話がよく交わされたものである。

当時、日本で出版されていたカーネギーの翻訳は簡約版であって、全訳ではなかった。そこである時、神藤先生と私の間で、「こんないい本が全訳でないのは惜しいですね」というような話になり、「ひとつわれわれで全訳を出しましょう」ということになった。

私は先生の代理としてデール・カーネギーに手紙を書いた。すると、さっそく返事がきた。それによると、翻訳権はカーネギーと昔から個人的関係のある某氏に与えてあるので、その方と交渉されたい、ということであった。そこで先生が出版社にその旨を問い合わせたところ、出版社のほうでは、確かにその人と関係があるので簡約版を出しているわけだが、今のところは全訳を考えていないと答えてきたので、そのままになってしまった。

しかしその数年後、カーネギーの全訳が出て、今でも広く読まれているようである。カーネギーの本は、それを最初にすすめてくださったヒーリー先生、および一学生から名前を聞いたその本をさっそく取り寄せて読み、一緒になって訳そうかとおっしゃってくださった神藤先生とともに、懐かしい思い出である。

また神藤先生には幸田露伴の『努力論』(『運が味方につく人　つかない人』)や『修省論』(『得する生き方、損する生き方』〈共に渡部昇一編述、三笠書房〉)の価値を教えていただいた。先生が「面白い」とか「これはよい本だ」というものは、私はたいていすぐに読んで、次にお訪ねするときはそれを話題にした。このようにしていつの間にか、先生の愛読書の多くは私の愛読書にもなった。まことにありがたい個人的な読書指導であった。

そのようなわけで学部の頃から大学院を通じ、神藤先生およびそのご家族とは、単なる教師と生徒の関係を越えて親しくしていただいていたと思う。

そのまま知的活力となる「生き方」実践の書

大学院に入ったばかりのある時、「勉強の仕方の本としては、私はこれが一番よいものだと思う」と言って、先生が1冊の本をご紹介くださった。それが本書『自分を鍛える！』であった。

それは、ドウォデシモ判（文庫判ぐらいの大きさ）の abridged 版、つまり簡約版で、出版社はロンドンの The Religious Tract Society となっていた。扉には「自己改善」（*Self - Improvement*）と書かれてあり、その下に書評らしきものが抜き出してあった。

そこには「本書は、長きにわたってアメリカおよびイギリスの読書子の前に置かれてきたのであるが、それは、健全なる常識・賢明な知的生活術・穏健な宗教的教えに満ち満ちているので、さらに続けて販売されるに値するものだと思う」とある。この「健全なる常識」（Sound common sense）というのは、あとで読んでみると、まことにその通りなのであった。

先生はその小型の本を取り出し、「これは君向きの本だからあげよう」とおっしゃった。私はそれをありがたく頂戴し、さっそく寮に持ち帰って読み始めた。それは、実に簡潔で、具体的で、そのまま役立つ教訓に満ちていた。しかもその健全さは間違いなく伝わるものであって、なるほどたいした本だと感心したことは今でも記憶に鮮やかである。

人生論を説いた本として、私はカール・ヒルティ（1833―1909。スイスの法学者。『幸福論』『眠られぬ夜のために』などの一般的著書もある）とかアレクシス・カレル（1873―1944。フランス生まれの外科医、生理学者。ノーベル生理学医学賞受賞。主著に『人間――この未知なるもの』『人生の考察』〈共に渡部昇一訳・三笠書房刊〉）を高く評価するが、それはあくまで人生観に関するものであった。

対してトッドのこの本はそれのみならず、勉強の仕方から体の鍛え方、目の健康保持に至るまで、きわめて具体的であるのが特色である。これは、私にもおおいに役に立ったが、何かを学ぼうとするすべての人にたいへん参考になるだろうと思われる。

また、ハマトンの『知的生活』（渡部昇一、下谷和幸訳）においても、その第1章に肉体的基礎について具体的なことが掲げてあるなど、形而下的な面についての参考になる点が多いが、トッドのほうはそうした実践的な面がさらに強く打ち出されている。たとえば語学習得法を一つとりあげても、『知的生活』の技術的な面をさらに明解に、細部にわたって具体的に述べているのがきわだった特色である。

不幸な生い立ち・環境で鍛えられた不屈の精神

同じ大学の教壇に立ち、私にこの本を与えてくださったときの神藤先生とちょうど同じ立場になった者として振り返ってみると、もし人生について真面目に考えている人がいて、私に生き方、勉強の仕方に対する忠告を求めてきたとするならば、やはりトッドは、ぜひすすめたい大事な本の1冊になると思う。

では、ジョン・トッドとはどういう人物で、その著書はどのようなものであったろうか。まず伝記的な側面を、フレデリック・T・パーソンズの伝記にしたがって簡単に述べてみよう。

ジョン・トッドは1800年10月9日に、アメリカのニューイングランド地方に生まれた。彼の先祖は、17世紀初頭にボストン地方に入植したカルビン派牧師クリストファー・トッドであり、その一家はニューヘイブンの植民地の最初の頃の入植者であった。したがって、「名門」という言い方が適当かどうかはわからないが、当時としてはニューイングランドにおける草分け的な一種の名門といえる家柄であった。

トッドは家庭的には恵まれず、彼の父は彼が6歳の時に亡くなり、母親は彼を産むとすぐに精神異常を起こし、長い間正気に回復することがなかった。そのためトッド少年は、幼い頃、さまざまなところを転々としている。詳しいことはわかっていないが、おそらく親戚をたらい回しにされていたのではないかと推測される。

牧師の子であったのでたぶん教会から奨学金を得てのことと思われるが、彼は18歳でイエール大学に入った。イエール大学は当時、牧師の後継者を育てることを主たる目的としてつくられた大学という色彩が濃かったのである。すでに述べたような家庭の状況のために、入学の準備も充分にできず、またお金もなく、しかも絶えず病気に悩まされながらも、彼は22歳の時に大学を優等で卒業した。

それから、アンドーヴァーで神学を学び、次にマサチューセッツ州グロートンで説教を始めた。そしてカルビン派の組合教会の正統派から牧師になるように呼び掛けられたが、教区に受け入れられなかったため、新しい教会をつくり、１８２７年1月、27歳の時に牧師に任命されたのであった。彼はここで33年まで働いたが、それからマサチューセッツ州ノーサンプトンに移り、そこで新しくできた教会の牧師になった。

彼は新しい教区の人々を説得して、その教会の名前を、彼の尊敬するニューイングランドの有名な神学者ジョナサン・エドワーズからとってエドワーズ教会とした。

エドワーズはトッドより約１００年前に生まれ、イエール大学の卒業生で、しかもプリンストン大学の学長になる前は、このノーサンプトンで牧師をしていたことがあるから、特に親近感があったのであろう。このことからも、彼が新しい哲学を考慮した知的なカルビン主義を保持していたことがわかるであろう。

エドワーズ教会で3年間牧師をしたのち、彼はその頃できたばかりのフィラデルフィアのクリントン・ストリートにある組合教会に呼ばれた。これは、その町ではその宗派の最初の教会であった。その教会が設立された時に行なわれた彼の説教は、『組合主義の原理と結果』というタイトルで出版されたが、他の宗派をかなり厳しく批判していたので、いろいろ反感を買うということもあったようである。

この新しい仕事は、はじめはうまくいっていたのだが、しかし意見の対立が生じたり、当時の経済的な不景気などのために失敗し、トッドは1842年にマサチューセッツ州のピッツフィールドにある第1組合教会に着任することになり、そのまま生涯そこにとどまることとなった。

彼がピッツフィールドにおいていかに重要な人物であったかは、たとえばブリタニカ百科事典第11版の「ピッツフィールド」の項目を引けばわかる。そこには、こう書かれている。

「1842年から72年までの30年間、ピッツフィールドには、多数の本の著作家であるジョン・トッド師の住居があった。彼の主著には『子供への説教』（*Lectures to*

Children, 1834 ; 2nd series, 1858)、『自分を鍛える!』(*Todd's Student's Manual*, 1835) などがあり、広く読まれている」

アメリカの田舎の小都市の項目に4行にもわたって名前が出てくること自体、いかに彼がニューイングランドの名士であったか、またその著作が、当時いかに広く読まれ、影響力を持っていたかを示すものと言ってよいだろう。

ピッツフィールドにおもむいた時、彼はまさに脂ののった盛りであって、ただちに西部マサチューセッツの指導的な地位に就き、その影響力は自分の教会の内外に広く及んだのであった。

宗教的な立場からいえば、彼はジョナサン・エドワーズの知的カルビン主義から少しもはずれることはなかったが、教義にこだわることはまずなく、その説教には生き生きとした想像力、適切な比喩が数多く含まれ、話し方には奇妙な熱が込もっていて、非常に魅力的なものだったと伝えられている。彼が熱心に推進した多くの改革を経て、教会の信者数は増した。絶えず節制・禁酒をすすめ、また海外への布教をも熱心に支持した。

バークシャー医学教会は彼を名誉会員とした。また、彼はマウント・ホーリオーク神学校設立者の一人でもあり、長年にわたりウィリアムズ・カレッジの理事だった。

「人生論」を書くに最もふさわしい、著者の経歴と体験

トッドを有名にしたのは、なんといっても彼の数多い著書である。その中の主なものを二、三あげてみよう。

彼は学生の頃からすでに雑誌のためにいろいろ書いていたし、アンドーヴァーにいた時も、雑誌の編集者になれと2回も誘われている。

彼が最初に名をなした本は、『子供への説教』（１８３４）であるが、これはただちに成功をおさめた。20万部も出版され、しかも5カ国語に翻訳された。当時のアメリカの人口の少なさ、読書階層の少なさを思えば、この20万部という数は、今でいうなら５００万部の大ベストセラーに匹敵すると言っても過言ではないであろう。

そしてその翌年出版された本書、つまり『自分を鍛える!』は、翻訳も広く行なわれ、売れゆきもよく、前作以上に彼を有名にした。序文でもふれたが、本書はロンドンだけでも15万部売られ、彼の本の中で最も影響力のあった1冊である。

彼はたゆまずいろいろな雑誌に寄稿し、多くのスケッチ、物語、質疑応答書、バイブルを学ぶ学生のために書いた。

彼は説教壇においてはいたって厳粛であったが、その他の場所では稀に見るほど社交的な才能もあって、テーブル・スピーチなどもしばしば頼まれていたようである。

家族関係では、1827年3月11日に結婚し、9人の子をもうけた。そのうちの一人は同じく牧師となり、二、三の著作を残した。

前述したように、トッドほど不幸な幼少年期を過ごした子供というのは、ちょっと考えることが難しいぐらいである。

父親はわずか6歳で亡くなっており、母親は自分が生まれた時から精神疾患を患っていた。そのため彼は、他人の家を転々として育ち、しかも病弱であった。栄養状態はよくなく、少年期は勉強の機会も恵まれたものではなかった。

こんな彼を支えたものは、親譲りのキリスト教的な精神と、人生に対する明るい建設的な態度である。これによって彼は、開拓時代の厳しい環境にありながら、信望ある牧師として活躍するかたわら広く人々に読まれるような有益な著書を数多く著わし、70歳に及ぶまで不断の著作活動を続け得たのである。

これから見ても、彼こそは、人生論を書くに最もふさわしい資格の持ち主の一人ではないかと思われてならない。前述したように、私自身の青年時代の印象から言っても、スムーズに学校生活を通り抜けたような先生の話は、苦しんでいる人間にはあまりぴんとこないものであった。しかしトッドの書いていることは、直接自分の人生を語っているわけではないけれども、ものの見方や感じ方が、悩める者にもいつの間にか参考になるような発想になっていることが特徴である。

たとえば彼の本に、知力の鍛え方のみならず、健康の保持の仕方についてもこまやかな配慮がなされているのは、彼自身が病弱でありながらもそれを克服してきわめて活発な著作活動をし、長寿をまっとうしたという事実の裏づけを考えるときに、それは単なる健康論ではなく、実証された健康術としてわれわれが参考にしてもいいものであると思う。

今日、心理学、生理学のさまざまな新しい発達に基づき、知力の開発の仕方、健康の増進の仕方についていろいろ言われることが多いが、ここには素朴でありながら強力、しかもどこを参考にしても必ず読者に好影響を与えるという、危なげのない人生の知恵が示されているのである。

さてここで、参考のために、『アリボン著作大事典』によるトッドの主著一覧をあげておこう。

■ジョン・トッド　著作リスト■

Lectures to Children『子供への説教』
Serpents in the Dove's Nest『鳩の巣のヘビ』
Index Rerun『諸事指針』

Woman's Rights『女性の権利』
Sabbath School Teacher『日曜学校の先生』
Mountain Flowers『山の花』
Truth Made Simple『真理明解』
The Sunset Land『日の沈む国』
Great Cities『大都市』
Summer Gleanings『夏の落ち穂集』
Young Man『青年』
The Angel of the Iceberg『氷山の天使』
Simple Sketches『素描集』
The Bible Companion『聖書の友』
Future Punishment『未来の罰』
Daughter at School『女生徒』
Mountain Gems『山の宝石』

Nuts for Boys to Crack『少年たちの大問題』
The Water Dove『ウォーター・ダブ』
Polished Diamonds『磨かれたダイヤ』
Sketches and Incidents『素描と小事件』
Lost Sister of Wyoming『ワイオミングの迷える娘』
Stories Illustrating the Shorter Catechism『小教理問答物語』
Questions on the Life of Moses『モーゼの生涯に関する論点』
Hints and Thoughts for Christians『キリスト者のための助言と考察』
Questions on the Books of Joshua and Judges『ヨシュア記と士師に関する論点』
Questions on the Lives of the Patriarchs『イスラエル十二支族の先祖の生涯に関する論点』

以上がトッドの主な著作であるが、私自身、若かった頃にトッドの本を読んでどれほど多くのヒントを受けたか計り知れないことを思うとき、トッドの名は、故神藤克彦教授に対する感謝の念と重なるのである。

かつての私に、学問に対する意欲と精神的エネルギーを与えてくれ、どちらかといえば病弱な体を強くすることに関心を向けさせた本は、今の読者にとっても同じような効果があるのではないだろうか。

そして、この名著を今の読者に贈ることは、故神藤教授の教育的なお考えを、教授を知る機会のない方々に紹介するよすがとなるものと期待しているしだいである。そのようなわけで、本訳書を先生の霊に捧げたいと思う。

なお、翻訳をすすめるにあたっては、下谷和幸氏の協力を得た。厚く御礼申しあげるしだいである。

本書は、小社より刊行した単行本を、再編集したものです。

Todd's Student's Manual
SELF-IMPROVEMENT
by
John Todd

自分《じぶん》を鍛《きた》える！

著　者――ジョン・トッド
訳・解説者――渡部昇一（わたなべ・しょういち）
発行者――押鐘太陽
発行所――株式会社三笠書房
〒102-0072 東京都千代田区飯田橋3-3-1
電話：(03)5226-5734（営業部）
：(03)5226-5731（編集部）
http://www.mikasashobo.co.jp
印　刷――誠宏印刷
製　本――若林製本工場

編集責任者　本田裕子
ISBN978-4-8379-5773-7 C0030

三笠書房

自分の時間
1日24時間でどう生きるか

アーノルド・ベネット【著】
渡部昇一【訳・解説】

イギリスを代表する作家による、時間活用術の名著
朝目覚める。するとあなたの財布には、
まっさらな24時間がぎっしりと詰まっている――

◆仕事以外の時間の過ごし方が、人生の明暗を分ける ◆1週間を6日として計画せよ ◆習慣を変えるには、小さな一歩から ◆週3回、夜90分は自己啓発のために充てよ ◆計画に縛られすぎるな……

人生をもっと賢く生きる頭の鍛え方

アーノルド・ベネット【著】
渡部昇一【訳・解説】

前向きでユーモアにあふれた「生き方の知恵」!
「頭」という妙な箱の中で起こる〝奇跡〟に、
あなたはきっと驚く――

◆「自分の脳」の「整備」にもっと時間をかけよ ◆なぜ「効率の悪い生き方」をしてしまうのか ◆脳をコントロールできればすべてうまくいく ◆集中思考で、脳を完全征服せよ ◆心に無限の栄養を与える知的読書法

父から息子への手紙
わが息子よ、君はどう生きるか

フィリップ・チェスターフィールド【著】
竹内均【訳・解説】

全世界で1100万部突破の、不朽のミリオンセラー
最愛のわが子に「どう生きるべきか」を切々と説く、
人生論の最高傑作!

◆うまく遊びながら自分を伸ばせ ◆人生の決め手「読書習慣」◆一円で「一生の知恵」を手に出来る、賢いお金の使い方 ◆私は「歴史」からこれだけのことを学んだ ◆知識は豊富に、態度は控えめに……

T30243